こうすれば、
夢は あっさりかないます！

宇宙から教わった12の知恵

はせくら みゆき

サンマーク出版

夢をかなえる３つの方法

フェイズⅠ　目標達成型

目標に向かってコツコツ努力する、従来の方法。
時間は未来へと直線的に流れていく。

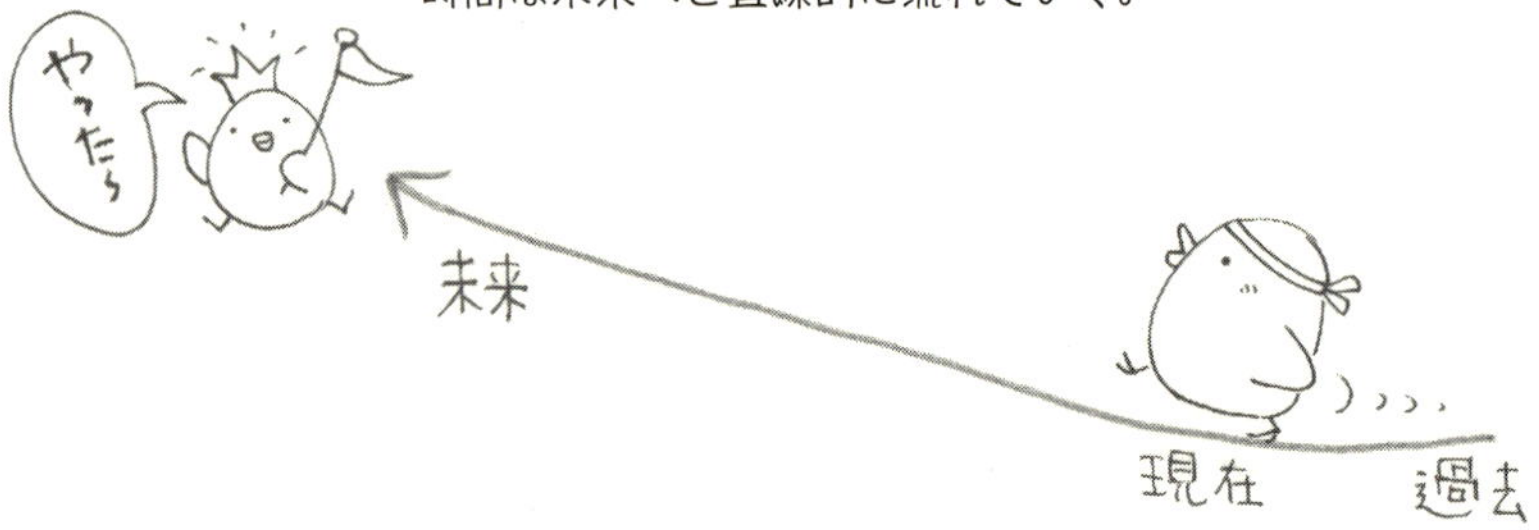

フェイズⅡ　「引き寄せの法則」型

ほしいものを望む未来から引き寄せる方法。
まだ時間の観念がある世界（フェイズⅠよりはないが、
直線的時空がベースとなっている）。

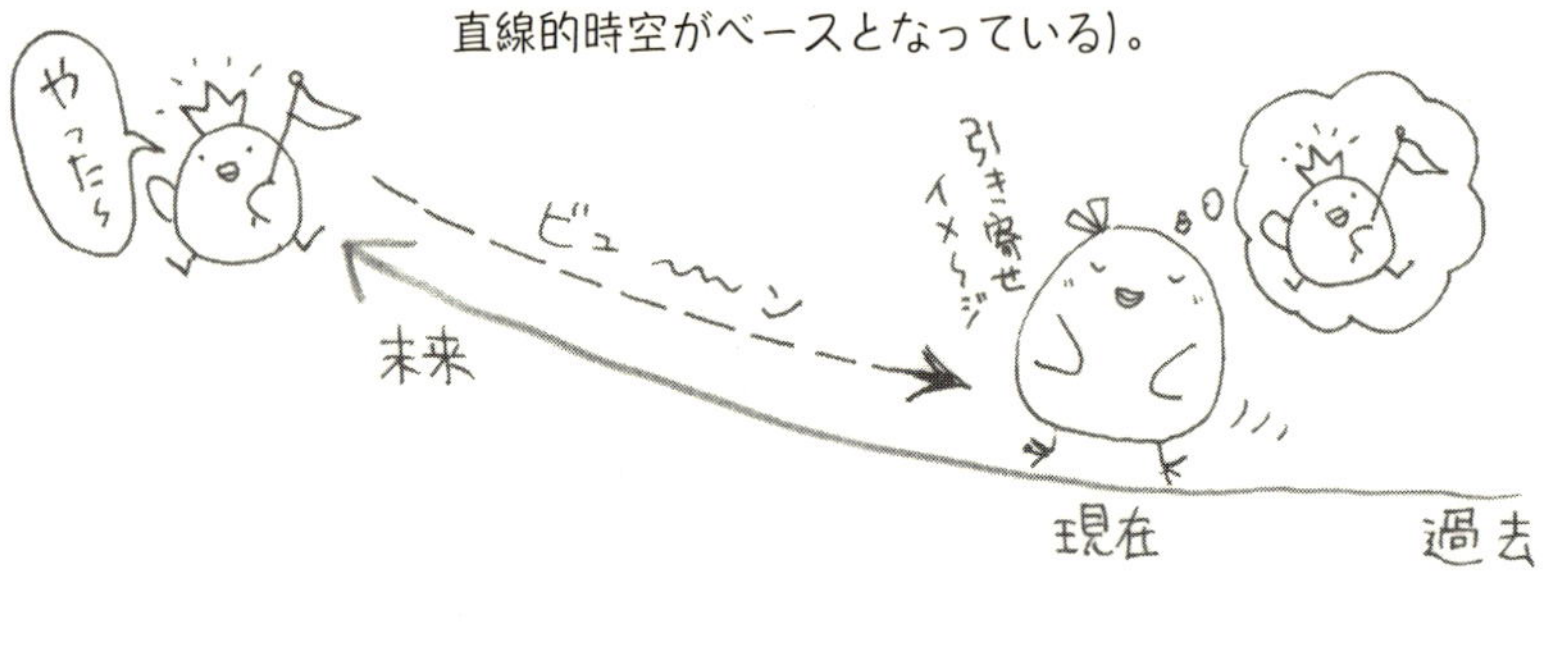

フェイズIII「選択と共振の法則」型

ほしいものが「すでにある」時空から、望む現実を表に現す方法。
時間の観念を超えている世界（同時多発的な量子的時空、多世界宇宙）。

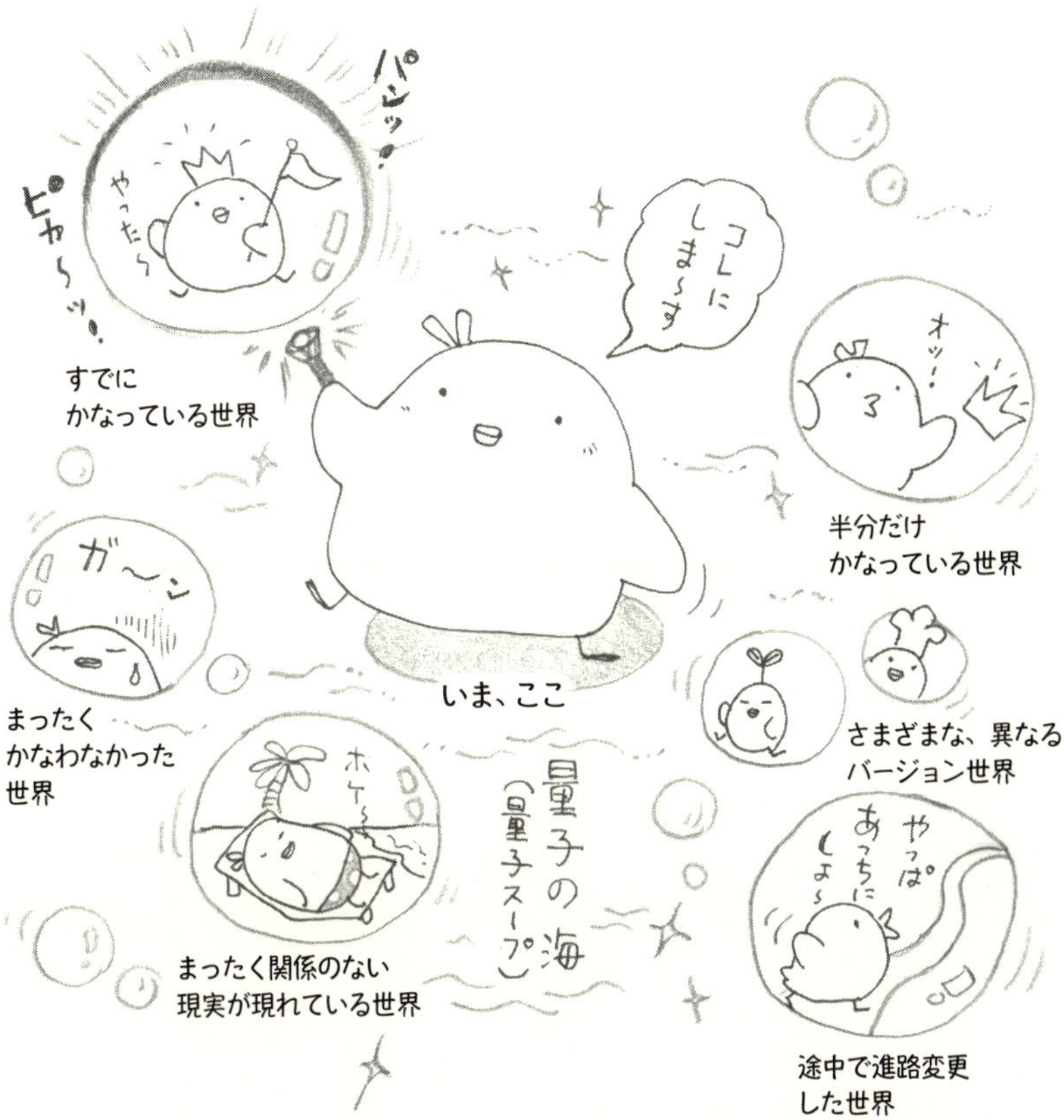

多世界宇宙では、同時にあらゆる「現実」が無数に存在する。

もくじ

第4の知恵

「どんな自分もまるごと許す」ことを選ぶ

第5の知恵

「この瞬間、いい気分で過ごす」ことを選ぶ

第6の知恵

「意図を放ち、行動する」ことを選ぶ

第7の知恵

「感謝のためにお金を使う」ことを選ぶ

第8の知恵

「努力よりワクワクで生きる」ことを選ぶ

第9の知恵

「目の前のことに愛をこめる」ことを選ぶ

第10の知恵

「からだの感覚に忠実になる」ことを選ぶ

第11の知恵

「自分の人生の主人公になる」ことを選ぶ

第12の知恵

「すべてはひとつ」から生きることを選ぶ

装画、本文イラスト：はせくらみゆき
ブックデザイン：水崎真奈美
構成：山田由佳
企画協力：得田佳宏（TRUE GRACE）
編集協力：鷗来堂
編集：斎藤竜哉（サンマーク出版）

あなたはひとつの宇宙です

あなたは　ひとつの　宇宙です
宇宙はあなたを　見つけ出し
あなたは宇宙を　さがします

あなたの宇宙は　たった今
現れては消え　また現れて
永遠のダンスを　奏でます

あなたが　ひらりと舞うたびに
宇宙は　舞台を変えながら
最高のステージ　用意して
あなたの訪れ　待っています

それは　なる　のではなく　ある　のです
思ったものは　なんであれ　すでにそこに　あったのです
願ったものは　なんであれ　あるからこそ　願ったのです

あなたが　自由になるたびに
世界は　さらりとほどかれて
宇宙は　ぱらりと開かれます

ようこそ　あなたの光の海へ
喜びあふれる　創造の世界へ
あなたは　ひとつの　宇宙です

プロローグ

宇宙から教えてもらった〝夢のかなえ方〟

不思議と夢がかなう人生を生きてきた

人生には、三つの坂があるといわれます。ひとつめの坂は、上り坂。ふたつめの坂は下り坂、そして三つめの坂は、まさか、です。

私はどうやら、この三つめの坂をいつも歩いていたような気がします。まるでマンガみたいに……。いろんなことが起こっては新しい展開があり、ふと気がつくと現在に至っていた、という感覚なのです。

そして、五十路を過ぎたいま、振り返ってみると、**思ったことはほとんどかなっていたことに気がつきました。**

ポジティブなことであれ、ネガティブなことであれ、思いはほぼ、かなっているし、**さまざまな「だったらいいな」が、はたと気がついたときには具現化している**——そんなおもしろい暮らしをしています。

たとえば……。

・たまたまテレビを観ていて、「女優っていろいろな人生を楽しめておもしろそう。一度は体験してみたいなぁ」と思った翌日、たまたまドキュメンタリー映画を作る製作者から、その映画の伝記部分で女優として出てくれませんかとのお話をいただいた。
・『古事記』の物語が好きでよく読んでいたら、立派な神社の御神事で、まさかのアマテラス役をたのまれた。
・海外で個展を開きたいと思っていたところ、旅行先のヨーロッパでご縁があった方のご紹介で、海外での個展がすんなりと決まった。

何でこんなふうになっちゃうの？　ということがよく起こります。
日常生活もまた、小さな具現化の連続です。
たとえば、かつて沖縄に住んでいたときのこと。夫が「今日はマグロをおなかいっぱい食べたい」と言い出しました。暑い日だったので、買い物に行くのはめんどくさいなぁと思いながらスーパーへと向かいました。

するると、家を出てすぐのところで、通りがかりのオジィ（おじいさん）に声をかけられたのです。頭にタオルをまいたランニングシャツ姿のオジィは、前かごに大きな保冷箱が入った自転車に乗っています。

「わー（私は）は、糸満《いとまん》（近所にある漁師町）の漁師だけど、早く、家に帰りたいから、ネーネー（私のことです）は、今朝とれたこのマグロ、いらんかね？」

と言うのです。

けっして怪しい者ではないと、市場で売る資格があるという漁協の名前がついた証明書も見せてくれ、早く帰って泡盛《あわもり》が飲みたいんだと言うのです。

保冷箱をあけると、プリプリしたマグロが、大きなプラスチックトレイ三つにはみだしそうな勢いで入っています。

「これ、いくらですか？」と聞くと、全部で一〇〇〇円だと言います。私は迷わず買い、オジィは、ニコニコ顔で帰っていきました。新鮮なマグロは、その晩家族五人でたらふく食べても食べきれず、翌々日まで、漬《づ》け丼やフライにしていただきました。

また、あるとき同じ沖縄で、こんなことがありました。

海水浴の帰りに足元が冷えて、途中でソックスを買おうかどうか迷っていたら、突然、信号待ちのときに隣の人が、「あのー、福祉施設のボランティアをしているものなんですが、よかったら、ソックスを買ってくれませんか」と言うのです。見ると、施設の名前を書いた袋に、オーガニックコットンの気持ちよさそうなソックスが入っています。しかも私の好きな色！　もちろん、即購入です。その人も私もニコニコ顔で別れを告げました。

これらはごく一部の例で、こんな具合にいろんなことが不思議とかなってしまうという、冗談みたいな日常を送っています。

「夢をかなえる方法」は宇宙から教わった

私はもともと、三人の男の子の子育てで精一杯の、いたって普通の主婦生活を送っていました。いまも主婦であることに変わりはありませんが、いつのまにか好きなことがカタチになり、仕事となって、画家や作家、教育家、そして雅楽歌人などとして活動しています。

講演会やセミナーの壇上に立たせていただく機会も多いですし、また教育や育児、持続可能な社会づくりといった活動などにも関わらせていただき、日々充実した生活を送っています。

私が、そんな人生を送るきっかけになったひとつの出来事が、経営コンサルタントの故・船井幸雄先生とのご縁でした。

長男が一歳になったとき、私はバースディプレゼントとして手作りの絵本を手渡しました。その絵本が、友人を介してなぜか船井先生の元に渡り、ある日突然、船井先生から直接お電話をいただいたのです。

それから船井先生との交流が始まり、先生の著書の表紙の絵を描かせてもらったことがきっかけになって、本格的に画家としての活動も始めることになり、また、画集をはじめ、次々と本が出版されることになりました。

それ以来、不思議なことに、こんなメッセージを伝えたいな～と思っていると、その内容の出版の話が向こうからやってきます。あるテーマを考えていたときなどは、一週間に四社から話があって驚きました。

小さい頃からいいなぁと思っていた「絵描き・物書き」が、いつのまにか職業になっていたのです。

これまでの、そんな自分自身の人生を振り返ったとき、実感するのは、**夢はどんな大きなものでも、「あっさり」かなってしまう**、ということ。

「夢はあっさりかなっちゃいまーす！」

「奇跡はあっさり起きちゃいまーす！」

これは、実は私の口癖でもあるのです。

あまりに軽く言うのでときどき信じてもらえないのですが、本当なんですよ。

そして、この軽やかさこそが、実は夢をあっさりかなえる秘訣《ひけつ》でもあるのです。


何でそんなにあっさりかなっちゃうの？　どうしてそんなに都合よく出来事が起こってくれるの？　とよく聞かれるのですが、長い間、自分でもその理由はよくわかりませんでした。しいて言えば、「起こっても起こらなくてもどっちでもいい」とあまり気にしていないからなのかなぁなんて思っていました。

ところがあるとき、**あ、そうだった！　と思い出したのです。**

どうしたらうまくいくかのコツを、私は二五年ほど前に数年かけてじっくり教わっていたのです。信じられないことに、そのことをすっかり忘れていました。

では、夢をあっさりかなえ、人生をうまくいかせるコツを、いったいだれから教わったのかというと、**ズバリ結論から言ってしまうと、「宇宙」から直接、で**

す。ある日突然、私の元に宇宙からのメッセージが届くようになったのです。

(「いきなりなんだか怪しいな～」と思った方、ぜひもう少し先まで読んでみてくださいね)

それは「宇宙授業」ともいえるもので、宇宙の成り立ち、自然界のしくみ、私たちがなぜここにいるのかなど、科学的な情報が次々送られてきました。最初はとても驚きましたが、心のどこかで懐かしい感じもしていました。

というのは、幼い頃、私はちょっと変わった子どもで、**木や草花、石ころなどとお話ができたのです。**私が生まれ育ったのは、北海道・十勝《とかち》で、いつも自然に囲まれていたことが大きかったかもしれません。

今日は雨が降るのかなと思うときは、心の奥を通して、空に「今日は雨が降る?」と聞きました。道に迷いそうなときは、道端の草に「どっちへ行けばいい?」と聞きました。すると心の奥にポーンと響いて、答えが返ってきました。

これはだれもが普通にできることだと思っていたのですが、五歳のあるとき、どうやらそうではなく、自分はみんなと違っているようだと気づきました。それは当時の私にはとてもショックで、とたんに木や草花との会話ができなくなってしまったのです。

そんなことがあって、私はしばらく自然との交流から遠ざかっていたのですが、結婚し、長男が生まれてしばらくたった頃に、宇宙からのメッセージが届き始めました。かつて木や草花、石、空などと心の奥を通じて会話していたように、宇宙との交信が再び始まったのです。

けれど最初のうちは、私のなかにかなり拒否反応がありました。当時は未熟児で生まれた病弱な長男がまだ三歳。次男はまだ三か月のベビー。病院通いや家事・育児に追われ、もう本当にバタバタと時間が過ぎていく毎日のなかで、愛だのワンネスだのと言われても、いや、その前にまずはオムツの汚れを落とさないと、部屋のごちゃごちゃをなんとか片づけないと、などと思っていましたから。

当時の私にとっては、宇宙の法則性を知るなどということより、まずは目の前の現実をしっかり生きること、地に足をつけて生活するほうがはるかに大事だったのです。

それでも宇宙からのメッセージは次々届きました。

そしてあるときから、そのメッセージを素直に受け入れ、その内容を少しずつ検証することを始めたのです。家事と育児をしながらでしたので、その検証作業は本当にゆっくり、長い年月をかけて行いました。

その後、三男が生まれ、また私自身が脳卒中で倒れて、一時半身不随になったこともあります（後にくわしく書きますが、それは数日で奇跡のようにすっかり治ってしまいました）。また、息子たちが成長すると、学校で起こるさまざまな問題なども経験しました。

このように、実生活でさまざまな体験をし、多くの気づきを得るなかで、いつしか私の生活と宇宙の教えが融合していく感覚になりました。**宇宙の教えとは、遠いどこかにあるものではなく、いまここに、ともにあるのだと感じるようになったのです。**

どんな夢でもあっさりかなう人生が始まる

宇宙の教え、いわゆるスピリチュアルな考えというのは、うっかりすると現実逃避の道具になってしまいます。目の前の生活をないがしろにし、ただ宇宙に思いを馳《は》せてしまうというように。

けれど、私が教えられた宇宙授業の内容は、私たちがこの地球上でよりよく生きていくための知恵であり、実践哲学でもあると思うようになりました。たとえば実生活で困難なことがあったときに、**宇宙の教えに沿った考えや行動をとると、現実がガラリと好転することがたびたび起きたのです。**

そんなこんなで、最初に宇宙からのメッセージが届いてから四半世紀がたちました。その内容は、長い間自分のなかだけでひっそり抱えていたのですが、「ほかの人にも伝えて」というメッセージが繰り返し来て、ここ数年、本や講演を通じてお話しさせていただいているのです。

時代が大きく変わろうとしているいまだからこそ、これらの方法はおおやけにすべきではないかとも思いました。

そもそも、私たちがこの地球に生まれてきたのは、生を喜ぶため、楽しむためです。

世の中の常識や世間体などをいっさい気にしない本当の自分、真の自分ともいえる、心のずっと奥にある「いのち」が喜ぶような生き方をするためです。

夢をかなえようとするのも、そのひとつでしょう。そのために歯を食いしばったり、血のにじむような苦労や努力をするのは、本末転倒だと思いませんか。

では、具体的にどうやって夢をあっさりかなえるのか――本書ではその方法をお伝えしていきたいと思っています。

それは、目標達成を掲げて、コツコツ努力しましょうというのでもなく、願ったものを引き寄せて実現させましょうという、いわゆる「引き寄せの法則」といわれるものでもありません。

それらよりもさらに進化した、すでに「ある」世界から、迷いなく選択して、ただそれを見せるだけという、いうなれば**「選択と共振の法則」**とでもいうべき現実化のメカニズムです。

このシンプルな法則をつかえば、**思いがけないほどあっさりと、思ったことがかなってしまいます**。なぜならそれは「なる」のではなく、ある時空においてすでに「ある」のですから。

さらにいえば、この「ある」ということを知っているという認識が、あなたを変え、世界を変え、あらゆる未来を変えていきます。


本書では、私がこれまでに得た宇宙の法則と、実生活のなかでそれを生かしてきた経験をもとに、夢を「あっさり」かなえるにはこうすればいいという一二のポイントを、私なりに選んでみました。

これまでスピリチュアルな考えと縁がなかった方は、本書でお伝えするものの見方や考え方に違和感を覚える部分もあるかもしれません。しかしそこは「ああ、そんな考え方もあるんだ」くらいの軽い気持ちで読んでみてください。

でもぜひ、騙《だま》されたつもりで本書に書かれていることをひとつでもふたつでも実践してみてください。実践を通して成果を実感したとき、「**あれ？　そういう考え方もありかも!?**」と思えるかもしれないからです（私自身がそうでした）。

本書で紹介する「一二の知恵」は、できればすべて実践されることをおすすめしますが、まずはひとつずつ、いちばん気に入ったものからの実践でも大丈夫です。

とにかく肩肘張らずに、気楽な気持ちで読んでください。そしてひとつでもふたつでも、本書の内容がちょこっとあなたの心にひっかかって、それがあなたの夢をかなえることに、またあなたの人生をよりよいものにするために役立ててもらえたら、著者としてこの上ない喜びです。

緑の庭

鳥が　空を飛ぶように
木には　実がなるように
夢は　あっさり　かなっていい
努力しないと　無理だなんて
いったい　だれが決めたの？

種から　花が咲くように
子どもは　大人になるように
夢は育つよ　むくむくと
育った夢は　実るんだ
さくっと　ワクワク　あっさりと

願ったものは　あらわれる
認めたものは　ふくらむよ
私と　みんなと　この星で
あらわし　かなでる　ハーモニー

私は　花咲く　緑の庭
どんな花から　咲かせよう？
どんなふうに　咲かせよう？

第1の知恵

「どんな夢でもあっさりかなう」ことを選ぶ

理想の家に住めるという現実を「選択」する

夢はあっさりかなう、思いはすんなり具現化するというのは、いまでは私にとって、日常茶飯事であたりまえのこととして受け止めていますが、最近あった印象的だった出来事を、ひとつシェアさせてください。

それは、引っ越しの話です。我が家は最近、海の見える高台の家に引っ越しました。そこは海を臨んで白い家が立ち並ぶ、ヨーロッパの街並みのような風景でした。

そんなイメージで開発されたエリアなのですが、それは私が心のなかで思い描いていた願いとみごとに一致するものでした。

それまで都内のマンションに居を構えていた私は、あるときふと、

「もっと絵が描きたくなるような、自然がいっぱいの環境に引っ越したいな」

と思いました。

日増しにその思いが強くなっていったので、私は目を閉じて、静かに心に問いかけました。

「どんなところに住んでいたら、私も家族も、みんなハッピーでいられますか?」と。

すると、緑いっぱいの公園と木立の中を歩いたり、夕暮れ時の海辺を散歩している姿が浮かんできました。

家をイメージすると、窓の大きな洋風のお部屋で、緑を眺めながら、ゆったりとお風呂に入っている姿が浮かび、お気に入りのプールも近くにあり、みんながしあわせそうに笑っているのを感じました。

よし、この「現実」を選択しよう! と決め、イメージで感じるままに、海と山の見える場所を扱う不動産屋さんに駆け込みました。

そこで、イメージで浮かんだことをそのまま不動産屋さんに伝えたところ……。

一件目の不動産屋さんは「そんな物件、ありません」とバッサリ。

気を取り直して二件目。同じように伝えたら、鼻でせせら笑われ、「あなた、本気で言ってます?」とあきれ顔。

そして三件目。「まず、ありませんね」と言われましたが、一応、もし出たらお願いしますと三社に物件探しを依頼して帰ってきました。

その後、いつ出るかなぁと思って楽しみにしていたのですが、一向に出る気配はありません。何がよくないのだろう?　と私は考えました。それで、

「あ、そうか。いまの家があるから、見つからないのかも。じゃあ、解約してしまおう」

と思い、**さっさと解約手続きを済ませてしまったのです。**

しかし、いつまでたっても思ったものは見つからず……。

だんだんあせってきた私は、その後見つかった近いイメージの家を口頭で仮契約しました。ちょっとイメージとは違うけれど、あまり贅沢《ぜいたく》しちゃいけないなと思ったのです。そうして、ほっと一息つきながら、家路についたのでした。

けれども、不動産屋さんから戻って、玄関のドアを開けたとたん、家から出た

くなってしまったのです。引っ越し先の新居のことを考えるだけで、気持ちがだんだん沈んでいくのがわかりました。

あ、これはマズい……。もう一度、きちんと自分の心と向き合おうと思いました。

心に耳を傾けると、「この世界が分離を楽しんでいるゲームだとしたら、望みがかなわないということも、不可能ということもないよ」と、心はハッキリ言います。

でも現実には、不動産屋さんに三軒行ったものの、理想の物件は見つからず、これはどういうことだろう、と考えました。

そしてしばらくして、「**ああ、これは自分のなかでつくった怖《おそ》れのゲームなのだ**」と気づきました。

自分の心の内をよくよく覗《のぞ》いてみると、

「山と海とプールと公園なんて……、そんな贅沢な物件なんてあり得ない。あったとしてもきっと賃料はものすごく高い。私には払えないかもしれない」という怖れがあったことに気づきました。その怖れに呼応するような現実が引き寄せられたのです。

そこで私は、いったん気持ちをゼロにしようと決めました。

そして「**奇跡って、あっさり起こっていいんだ**」と自分のなかに許可を出しました。「私は豊かさを受け取るに値する！」と決めたのです。

その後私は、口頭で契約した家を取りやめ、ただ、豊かさを受け取るに値する存在として生きる、という現実を選びました。**すでに理想通りの家に住んで暮らしているかのような気持ちで過ごすことにしたのです。**

家の解約日は刻々と迫ってきました。けれども「なるときになる」し、「いちばんよきようになる」ことを深い自分は知っていたので、あせりませんでした。

そして最終日——家を契約しないと次の家がなくなる締めの日に、不動産屋さんへ向かう電車の中で、ポンッと新しい物件が出たのです。

そして、その家の敷地に足を踏み入れた瞬間に、それが自分のイメージ通りの住まいだと感じました。うれしそうにゴミ出しをしている自分の姿が浮かんできたのです。

「**ここに決めます！**」と即決しました。不動産屋さんは、「あの～、まだ家の中見てませんけど」と苦笑いでしたが……。

こうして家選びは無事、一件落着。いま、窓から見える緑の山々に囲まれながら、仕事をし、夕方には富士山の横に沈む夕日を眺めながら、海辺の散歩を楽しんでいます。

宇宙は太っ腹です。ケチじゃありません。望むものは気前よく出してくれるし、出し惜しみしません。

ただし、**どの現実を出してもらえるのかは、実はあなた自身が決めています。**いま、この瞬間、あなたが放っている心の状態が、次の現実を決定づけているのです。

怖れの思いから発したら、怖れに適《かな》った現実が現れてくれます。同じように、愛や思いやりをベースに行動したら、愛や思いやりに満ちた現実が、サクッと現れることになります。

私たちはつねに、なりたいものを選び、生きたいように生きているのです。

言い換えれば、たくさんある可能性の場から、自分に合った現実を「選択」しているといえるのです。

いまの現実はあなた自身が選んだもの

夢をあっさりかなえるために、まず知っておいてほしいこと。それは、**私たちをとりまく世界はたったひとつではない**、ということです。

世界は同時に無数に存在していて、私たちはいつだって自分の好きな世界を選べるのです。

（「いきなりＳＦっぽいな～」と思った方もいるかもしれませんね。でもこれは、

あっさり夢をかなえるために必要不可欠な考えなので、ぜひしばらくおつきあいくださいね）

私たちをとりまく多数の世界が存在するということを、私はよくシャボン玉にたとえて説明しています。

シャボン玉の液のついたストローをフッと吹くと、小さなシャボン玉がいっぺんにいくつもできる場合があります。無数の透明な球体がふわふわと宙に浮かびますね。

あんなふうに、世界というのは同時に無数に存在しているのです。あなたがいまいる世界は、あのシャボン玉のなかのひとつのようなもの。

そして、その無数にある世界のうち、どの世界で生きるかを決めているのは自分自身なのです。

たとえば「この世は不条理に満ちている」という目で世界を見れば、本当に不条理な世界が立ち上がり、不条理なことが起きます。不条理な出来事やニュースが目に飛び込んでくるでしょう。

でも「この世はあらゆる可能性に満ちている」という目で世界を見れば、チャンスが巡ってきます。

世界はその人の主観がつくりあげるのです。

だから、**いま、どの世界を選ぶかがとても重要なのです。**

次の瞬間をハッピーなものにしたい、夢をかなえたいと思うのなら、いちばん大事なのは、いま、どの世界を選ぶかです。

先日、友人のひとりから相談をもちかけられました。

空間デザイナーである彼女は、ふたりのお子さんを育てているシングルマザーです。そんな彼女が言うには、少し前にお父様が病気で亡くなり、その借金を肩代わりしなくてはいけなくなったとのこと。「ただでさえギリギリ何とかやっているのに、さらに借金を抱えるなんて……」と暗い面持ちで話していました。

でもこのとき、私には、**彼女がこの状況をバネにして、いままで以上にいきい**

きと仕事をしている姿がありありと感じられました。

そして彼女に言ったのです。

「いまの状況はとてもつらいでしょう。だから、つらいけれど何とかがんばらなくちゃ、という世界を選ぶ自由もあなたにはあるのよ。でも、あなたには誇りに思える仕事があるよね。あなたがいきいきと、自分のスキルをいかんなく発揮して輝ける、そういう仕事をつかむ可能性もあるよね。そんな仕事を私にくださいって宇宙に宣言してしまってはどう？　〝がんばらなくちゃ〟ではなく、〝自分がいきいきと輝いている世界〟を選ぶこともできるんだよ」――と。

すると、**その瞬間、パッと彼女の顔が明るくなりました。**未来の可能性の光がわずかに見えたのでしょう。

「つらいけれど、がんばる」という世界を選べば、彼女にはそういう現実がやってくるでしょう。でも「自分がいきいきと楽しく仕事をする」という世界を選べば、未来はきっとそうなるのです。

その後、しばらくして彼女から連絡が入りました。ホテルの空間プロデュースなど大きな仕事が次々と入り、とても充実した毎日を送っているとのこと。お金の心配も少しずつなくなってきているので大丈夫です、とのうれしい報告でした。

いま、目の前にある世界が唯一のものだと思うと、とくにつらい状況にいるときには行き詰まってしまいます。

でも世界は多数あって、いまいる世界は自分が選んでいるだけ。しかもいまいる世界が次の現れを決める。それがわかったら、少し気持ちが楽になりませんか。世界はひとつではありません。いまいる世界が嫌だったら、そこから飛び出せばいいのです。

次の瞬間をよいものにしたければ、多数ある世界のうちから、希望する世界を選べばよい。**次のよい瞬間に続くような「いま」を選べばいいのです。**

そう、もしあなたがいまの世界を変えたいなら、将来の夢につながるような世界に変えたいなら、それは瞬時に変えられるのです。

人の数だけ、世界は存在している

「世界はたったひとつではない」ということを、別の側面から見てみましょう。

いま、あなたは家のリビングに家族と一緒にいる、と考えてみてください。

あなたと家族は、同じリビングという空間にいますね。でも、あなたと家族が生きている「世界」は同じではありません。**家族はそれぞれ別の世界を生きています**。夫は夫の世界を、妻は妻の世界を、子どもは子どもの世界を生きています。

「ますますＳＦっぽいな〜」と思うかもしれませんね。でもこれと同様のことは、生物学者も言っていることなんですよ。

ドイツの生物学者、ヤーコプ・フォン・ユクスキュルは、著書『生物から見た世界』（岩波文庫）で「すべての生物は、それぞれ異なる時間と空間を生きている」と主張しています。森の中に住むマダニを例にあげて、彼はそのことを説明しています。

森の中に住むマダニは、動物の血を吸って生きています。マダニは木の枝でじっと待機していて、その枝の下を通りかかる動物にピョンと落ちて血を吸います。あるいは大型動物が歩いてきて枝にぶつかり、こすりとられるのを待って血を吸います。

しかしマダニには目がありません。表皮で光を感じることはできても、人間と同じような視覚はないのです。さらに味覚もありません。

ではどうやってマダニが動物に飛びつくことができるかというと、彼らは匂いを頼りにする。動物の匂いが近づくと、木の枝などにつかまっていた手足をパッと離して動物の上に落ちるのだそうです。

落ちた先が動物かどうかを確かめるのは温度だそうで、三七・五度前後の体温を感じられれば、「たしかに動物の上に落ちたな」と認識して血を吸い始める。

マダニにはそれだけのわずかな感覚しかないのです。

視覚や聴覚、色を識別する感覚をもち合わせている私たちが森に入ると、そこには豊穣な世界が広がっています。木があって草があって、湿った土と匂いがあり、鳥のさえずりや虫たちの音《ね》が聞こえる、というように。

でもマダニにとって、森はわずかな感覚から得られる情報でしか知覚できないものなのです。彼らが感じている森と、人間が認識するその森はまったく違う「世界」といえるでしょう。同じ森の中にいるとしても、**人間は「人間の森の世界」を、マダニは「マダニの森の世界」を生きているのです。**

さらにマダニには、動物が近くに来るまでひたすらじっと待つという能力もあるそうです。木の枝で獲物を待っているとしても、そこを動物が通る確率は広い森であればあるほど下がります。だから彼らはひたすら待ちます。それも何日といったレベルではなく、年単位で空腹のまま待ち続けることができるそうです。

このように、たとえ同じ環境の下にいても、生物はそれぞれ異なる時間、空間を生きている。ユクスキュルはそのそれぞれの世界を「環世界」と名付けました。

では、人間どうしはどうでしょうか？

人間は基本的に、視覚や聴覚などみな同じ感覚をもっています。それでも、人はみな、別々の世界を生きています。それは同じ環境下にいても、自分が無意識に見たい情報だけを選択して見ているからです。

たとえば子どもの頃、親に「いい加減、部屋を片づけなさい」と怒られた記憶はありませんか？

私は子どもの頃、ボーッとしていることが多かったので、親からしょっちゅう「脱いだ服を畳みなさい」「読んだ本を片づけなさい」などと注意されていました。あぁ片づけなくちゃ、などと思いながらも、同時にそんなに怒って言うことでもないのになぁ、とも感じていました。

ところが自分が親になってみると、今度は息子たちに「いい加減、部屋を片づけなさーい！」と怒鳴っているんですね。息子たちは「どうして母さんは、あんな剣幕で……」という顔をしています。

そう、つまり大人と子どもとでは、同じ部屋にいても、そこから選ぶ情報が違うのです。おもちゃが散乱しているような部屋の中にいても、子どもはいま、目の前にあるもの、あるいは興味のあるものしか見えていない場合が多い。

けれど大人は、ついつい散らかっているおもちゃばかりに目がいって、おもちゃに興味を向けているキラキラした子どもの瞳は見逃してしまうことが多い。こうして、**同じ部屋にいても子どもと大人は違う「世界」を生きているのです。**

同時に無数の〝違う世界〟がある

先ほど、同じリビングにいるとしても、家族はそれぞれ別の世界を生きている、とお伝えしました。

この場合、もし夫と妻と子どもの三人がいるとしたら、瞬間的には三つの世界が同時にあることになります。

しかし実は、そこにある世界はこの三つだけではありません。夫、妻、子どもそれぞれがいる世界の背後には、**いまいる世界とは別の無数の世界が存在するのです。**

たとえば妻は、ご主人と子どもが近くにいて、「あぁ、平凡だけれど何だかしあわせだなぁ」と感じているかもしれません。このとき妻が生きているのは、「平凡だけれどしあわせな世界」です。

でも何かのきっかけで、それが「イライラした世界」に変わる可能性もあります。「そういえば、今日は私の誕生日なのに、だれもおめでとうのひと言も言ってくれない。ひどい!」と妻が思えば、その瞬間、そこは「ひどい世界」になるでしょう。

「でもまぁいっか。みなとりあえず元気だし。それがいちばんのしあわせだよね」と思えば、再び「しあわせな世界」が立ち上がります。

同じ場所、同じ時間に一〇人の人がいれば、その瞬間、一〇通りの世界があります。さらにその背後には無数の世界があります。

世界はあらゆるもので成り立っていますが、人は見たいものしか見ないし、感じたいものしか感じません。その人がもっている知識や情報、その人の状況によっても見えてくる世界は違います。

つまり人は、つねに主観で世界を見て、感じている。**主観が自分なりの世界をつくりあげているのです。**

ある女性がこんな話をしてくれました。

「ある日突然、イチョウの葉っぱがあることに気づいて驚いた」——。

彼女は学校を卒業して、新入社員としてある小さな会社に勤めました。しかし仕事がうまくいかず、毎日上司に怒られていたそうです。日に日に会社へ行くのがつらくなり、当時は、会社へ向かう足取りが重かったといいます。

それでも何とか続けているうちに、徐々に彼女の仕事ぶりが評価されるようになりました。

仕事の手応えを感じ始めたある年の秋、彼女は会社へ向かう道の途中で、黄色いイチョウの葉に気づきます。ふと前方を見ると、イチョウの木は会社へ向かうまっすぐな道の脇に何本も植えられていて、そのすべての葉が金色に輝いていました。

昨年の秋も一昨年の秋も、彼女はずっと同じ道を通っていたはずです。ところが、彼女がイチョウの葉っぱに気づいたのはそのときが初めてでした。

彼女の主観が変わったことで、何の変哲もない通勤路が、イチョウが輝く美しい通勤路に変わったのです。もちろん、イチョウの木は何年も前からそこにあったはずです。**でも一年前の「彼女の世界」にはイチョウはなかった。**それは言い換えれば、イチョウがある世界とない世界が同時にあった、といえるのです。

こんなふうに、主観が変われば世界はガラリと姿を変えるのです。

思い込みを手放せば、世界は瞬時に変わる

そうはいっても、この主観というのがなかなかやっかいなんですね。

稀《まれ》に、家で夫と険悪なムードになるときがあります。夫のちょっとしたひと言にカチンときてイライラしてしまう。夫は自分の言葉が妻を怒らせたとは気づい

ていないので呑気《のんき》に新聞を読んでいます。

私はキッチンでせっせと食器を洗いながらも心のなかはモヤモヤした気持ちが充満。過去のカチンときた夫の言葉まで思い出して、一層イライラが募る、などということがあります。

こんなとき、私には「このモヤモヤした世界」にい続ける自由もありますが、「他人ではなかなか言えないアドバイスをありがとうね！」と夫の言葉をサラリと流し、別の、もう少し穏やかな世界を選ぶ自由もあります。

ところがモヤモヤしているときというのは、この世界の移動がむずかしい。ここにいてもつらいだけと頭ではわかっていても、感情がついていかないときがあります。

そんなときのコツのひとつが、「思い込み」を捨てることです。

私たちはたくさんの思い込みを抱えて生きています。たとえば「妻はこうあるべきだ」「夫はこうあるべきだ」「母親とはこうあるべきだ」などのように。

この思い込みを手放すことで、サッと選ぶ世界を変えられ、さらに現実も変わるということが起きる場合があります。

これを実感したのは、息子が不登校になったときでした。

息子のひとりが高校生のとき、二年間、不登校になったのです。

子どもの不登校は珍しい話ではありませんが、でも実際に自分がその親になってみると、けっこう大変なものがありました。

いちばん苦痛だったのは、毎朝、学校に電話をかけて欠席を告げるときです。

息子にしてみれば、学校に行きたくないから行かないだけなのですが、学校側はそれを許してくれません。欠席しなければならない具体的な理由を求めてくるのです。そして電話口でいろいろなことを言われます。

「今日は起きられないようなので休みます」と言うと、「夜遅くに出歩いたりしているのではないですか?」と聞かれたり、「何かストレスを抱えていて寝られないのではないですか?」などと。

さらに「そんなに起きられないなら、一度病院で診てもらってください」と言われ、病院に連れていったこともありました。

毎日のように繰り返されるこのやりとりに、私の心もだんだんふさぎこんでいき、最後は受話器が重くて持てないようになってしまいました。

二年の間には、「もっとしっかりしなさい」などと息子を叱ったこともあります。でも彼はそのときすでに一七歳です。親が何かを言ったからといって動く年齢ではないんですね。

しかも、彼が何とかがんばって学校に行ったときには、きっと先生方に同じようなことをさんざん言われていたと思うのです。そこへさらに私が何かを言ったら、この子は居場所がなくなってしまうだろう、と考えました。だからそのときの私は、もう途方にくれるしかありませんでした。

けれどあるとき気づいたんです。

「子どもは学校に行かなければならない」というのは、親や、私が育ってきた環境によって刷り込まれた思い込みにすぎないのではないか、ということです。

「子どもは絶対学校に行かなければならない」というルールは、実はどこにもないのです。それは、世間の常識にとらわれていた私の思い込みにすぎませんでした。

息子は学校に行かない間は寝てばかりいましたが、そんな「思い込み」に気づいたとき、寝ている彼を見ながらしみじみと思ったのです。

この子はこうやって寝ているけれど、触るとちゃんと温かいし、起きればごはんもきちんと食べる。コミュニケーションも何不自由なくとれるじゃないか、と。

そして、ああ、息子はここにいる、この子がおなかにいたときに思っていた「元気にスクスク大きくなってほしい」という願いは十分にかなえられている。

息子とこの一瞬を共に分かち合えている、私は十分満たされている、と。

できていないことではなく、いまあること、満たされているものというところにフォーカスして、感情も含めて心の奥から納得できたとき、**私は心《しん》から満たされている、最高にしあわせ、と思いました。**

そして、ああ、別に息子は無理に学校に行かなくてもいいんだ、私は不登校の息子を嘆く必要などないのだと思えて、「子どもは学校に行かなければならない」という思い込みを完全に手放したのです。

このとき私の世界がガラリと変わりました。憂鬱《ゆううつ》な世界から、本当にありがたい世界へと移動したのです。

世界が変わると、現実も変わります。

私が本当にありがたいと思ったちょうどそのとき、急に学校から電話がかかってきました。そして「先ほど職員会議を開いたのですが、そこで、○○君（息子の名前）が、もし三学期に出席できて、試験を全部通れば卒業できるようにする、と決まりました」と言われたのです。

不思議でしたが、息子は三学期は休まずに学校に通えました。そして無事に卒業できたのです。

私が「内なる世界」を変えたとたんに、「外の現実」も姿を変えたのです。それはいくつもある現実のなかから、別の現実を選択したとも解釈できるでしょう。

つまり、ひとつの問題に直面していたとしても、その背後には潜在的に無数の世界が同時にあるのです。さらにもっというと、この無数にある「世界」には時間の概念がありません。過去・現在・未来という直線的な時間の概念がないのです。

なので、たとえばあなたが何か夢をもっているとしたら、そこにはすでに夢をかなえてしまっている世界というものもあります。

夢がかなうまであと一歩という世界もあり、まったく夢がかなっていない世界、完全に夢をあきらめてしまっている世界もあります。夢をあっさりかなえるには、**まずこの夢のかなっている世界に行くと決めること、そして夢のかなっている世界を生きればいいのです。**

では、どうすれば夢のかなっている世界を生きることができるのか。それを次章以降、順を追ってお伝えしていきたいと思います。

「どんな夢でもあっさりかなう」ことを選ぶ 7つのポイント

☆夢をあっさりかなえるためには、世界は無数にあることを知ることから。

☆無数にある世界から、好きな世界を選ぶことができる。

☆世界はその人の主観がつくりあげている。

☆自分が見ている世界は、無意識に、見たい情報だけを選択して見ているものである。

☆主観が変われば世界も変わる。

☆内なる世界を変えると、外なる世界も変わっていく。

☆無数にある世界のなかから、夢がかなっている世界を選択すればよい。

さあ、行こう

サイコー　最幸　さあ、行こう
あなたが歩む　その道は
いつでも　どこでも　どんなときも
最高のことに　つながっている
それ　本当なんだ　うそじゃない

たとえ　へこんで　起き上がれない朝も
もう　最悪だって　叫びたい夜も
あるんだ　みえる　サイコーの種
ふくらみ　そだち　やしなわれ
芽が出るときには　出ていくさ
花咲くときには　咲いちゃうさ

だから　あせらなくて　いい
宇宙は　あなたを　つぶさない
じっくり　ときが　満ちるのを
待っていいんだ　舞いながら

自分の　音色を　かなでよう
内なる　リズムで　すすもうよ
さらさら　きらきら　りんりんりん
ほどかれ　ひらく　あなたの宇宙
サイコー　最幸　さあ、行こう

第2の知恵

「最高のことしか起こらない」ことを選ぶ

人生には最高のことしか起こらない

あっさりと夢をかなえるためのふたつめの知恵——それは、「最高のことしか起こらない人生」を選ぶことです。

人はつねに、あらゆる人生の選択肢をもっています。どんなに年齢を重ねていたとしても、**命ある限り、人生は三六〇度の可能性があり、あらゆる人生を生きられるチャンスがあるのです。**

この選択肢のなかから、「最高のことしか起こらない人生」というものを選ぶのです。

言葉を換えれば、**「私の人生には最高のことしか起こらない」と〝決めてしまう〟**のでもよいでしょう。

こういうと、少し違和感を覚える方もいるかもしれませんね。

たとえば自分や家族が病気にかかっている人や、人間関係のトラブルを抱えている人などつらい状況にいる人は、「では、いま起きていることは何なのだろう?」と思うかもしれません。

ここでいう最高のこととは、ハッピーなことばかりとは限りません。

苦しかったり、つらかったりする場合もあるでしょう。でもそれは、**やがてやってくるハッピーの種なのです。**

植物の種が、きちんと水やりをし、お日さまに当ててあげるといつしか発芽するように、苦しかったり悲しかったりする状況もきちんと向き合えば、いつか「ああ、いまのしあわせはあの経験があったからこそだ」と思える日が必ずやってきます。

そういう意味で、人生には最高のことしか起こらないのです。

私自身もこれまで、子どものいじめや重い病気、あるいは仕事でだまされたなどのつらい状況をいくつも経験してきましたが、それらを振り返ってみても、やはりそれらは、いまのしあわせにつながる最高の出来事だったと思えます。

でもなぜ、最高のことしか起こらない人生が可能なのでしょうか。

それは、宇宙がいつも私たちの味方をしてくれているからです。

ここで、ちょっと宇宙に思いを馳《は》せてみましょう。

空を見上げると、もうそこには宇宙が広がっています。地球に住んでいる私たちは、ふだんは、地球とその周辺の星、せいぜい太陽や月、いくつかの星座のことぐらいしか考えませんね。

でも地球、太陽、月を含む銀河系は、とてつもなく広大な宇宙をぐるぐるまわっている数ある銀河のひとつにすぎません。宇宙は、私たちの想像が及ばないほど、とてもとても広いのです。

その広い宇宙に流れている純粋でパワフルなエネルギーが、愛です。

本書の冒頭で、私は宇宙授業を受けたと書きましたが、このときに教えられたもっとも重要なことのひとつが、この宇宙に流れる愛についてでした。

愛は「天意（＝天の意思）」とも書けます。そう、愛は宇宙の意思なのです。

すべてが愛、愛、愛という感じで、宇宙は愛に満ちています。宇宙は愛の海なのです。

そう、私たちはいつも圧倒的な愛に包まれているのです。**そんな宇宙は、私たちに最高、最善、ベストなことしか起こしません。**宇宙は私たちを潰すようなことは絶対にしないのです。だから一見マイナスに見えるような出来事も、すべてはよくなるために起きています。

ぜひ、このことを覚えておいてください。

トラブルやハプニングも「最善のこと」になる

とはいっても、人生に不測の事態やハプニングはつきもの。そんな出来事に見舞われたときには、「最高のことが起こる」どころか、慌てたり、落ち込んだりして、さらに事態を悪くしてしまうことにもなりかねません。

でも、すべては「最高のこと」につながるために起こっているのだ、ということを信じられたら、**「最悪」に思えることもまた、「最善」にしていくことができるのです。**

先日、私はシンガポールに行こうとして**空港を間違えるという大失態を演じてしまいました。**

私はいつも海外へ行くとき、成田国際空港発の国際便を利用していました。しかしこのとき予約したチケットは、羽田空港発の便のものでした。にもかかわらず、いつもの習慣から成田空港に行ってしまったのです。

そしてチケットカウンターに行って初めて、空港を間違えたことに気づきました。そのときは、一瞬頭が真っ白になりました。いまから羽田空港に向かっても、飛行機の出発時間にはとうてい間に合いません。シンガポールでは、仕事の大事な打ち合わせが控えています。もう、何てことしちゃったのだ！　といっときは落ち込みました。

青ざめた顔でカウンターで話すと、「あー、よくあるんですよね」という答え。少し気持ちが落ち着きました。空港スタッフもそうした事態には慣れっこになっているのでしょう。ささっと手続きをしてくれて、結果的には羽田空港にわざわざ移動もせず、追加料金も払うことなく、同じ航空会社の、別便のシンガポール行きに変更できたのです。

ただし、出発時間までは五時間ありました。

このとき私がまず思ったのは、「さて、この五時間をどう楽しもう？」ということでした。ひょんなことから得た、空港で過ごす五時間の自由時間。せっかくだから、この時間を存分に楽しもうと思ったのです。

そして空港内を探検し、いろいろなお店を見てまわり、喫茶店でお茶を味わい、しまいにはマッサージを受け、体調を万全にしてから飛行機に乗ることができました。

このことを人に話すと、「みゆきさん、どうしてそんなにすぐに気持ちを切り替えられるのですか？　私だったら凹《へこ》んだまま五時間を過ごしそうです」などと言われることがあります。

たしかに不測の事態に陥ったときには、気持ちは落ち込みますね。怒りが湧いてきたり、悲しくなったりもして、愛をもった行動などはなかなかできないかもしれません。

こんなとき、私が比較的冷静でいられるのは、ちょっと変わった物事の捉え方をしているからかもしれません。

その捉え方は、おもに三つ。そのひとつは、何か起きたとき、その出来事を「起こるようにしか起こらない」と見ていることです。

たとえば約束を突然キャンセルされる、進んでいた仕事にストップがかかる、リストラされる、家族や自分が急な病気にかかるなど、人生には実にさまざまなことが起きますが、**何が起きようとも、私は「起こることは起こる」と思っているのです。**

たとえ私がもがいても、抵抗しても、起こる出来事は、起こりたいように起こるでしょう。そして起こり出したら、それを止めるのは不可能な場合がほとんどです。

だったら無駄な抵抗はやめて、起きている出来事を、**ただ「見よう」と思うのです。**少し距離を置いて、その出来事を眺めるイメージです。

最初は気持ちも落ち込みますが、起きた出来事を「見る」ことで少し冷静になれます。

「いまできること」とひとつになる

不測の事態に陥ったときに、次に私がやるのは「いまできることとひとつになる」ことです。

実は「いまできることとひとつになる」ことは、不測の事態に限らず、ふだんから私が心がけていることです。

たとえばお茶を飲むなら、お茶を飲むのに一生懸命になる。

家族と話をするときには、家族の話に耳を傾けることに一生懸命になる。

仕事をするときには、一生懸命仕事をする。

「いま」という一瞬を、心をこめて、ひとつひとつ積み上げていけば、次に現れる現実はきっとよいものになるからです。

不測の事態のときにもこの原則は変わりません。

たとえば人と待ち合わせをしたときに、相手が約束の時間になっても来なかったとしましょう。相手からとくに連絡も入らない……。こんなとき、できるのはひたすら待つことですね。

そこで、待つことを楽しむ。イライラしながら待つのではなく、**その時間と「ひとつになる」のです。**

そんな待ち方ができれば、約束の時間に遅れてやってきた相手を責めずに済みます。相手も遅れて申し訳ないと思っていたら「待つことを楽しんでいたよ」という態度を示せば、相手を安心させてあげられるでしょう。

会ったときによい状態でスタートできれば、その後の時間もよいものになるはずです。

そもそも真の平安や喜びというのは、プロセスそのものにあります。**プロセスそのものを心から喜べたら、結果はどうでもよくなります。**

空港を間違えたときも同じで、「いま、できることは何だろう?」「いま、できることに最善を尽くそう」と考えました。

そこで、いまいる成田空港で何とかなるものなら何とかしようと決め、結果、ほかの便にうまく乗り換えられたのです。

人は未来や過去に思いを馳せることはできても、けっきょく生きられるのは「いま」のこの瞬間しかありません。起こったことは起こったこととして受け止め、「いまできること」に気持ちを集中すれば、物事はスムーズに進みやすくなるでしょう。

そしてもうひとつ、こんなときに役立つ考えがあります。それは、次のようなものです。

「本当の自分はいのちであって、心とからだは後づけのオプションである」

このことを知っていると、何か失敗をしたときに、失敗した自分をもうひとりの自分が客観的に見ることができます。

失敗した瞬間は「がーん」と落ち込みもしますが、次の瞬間は「もう、本当にバカだよねー」ともうひとりの自分が苦笑しながら、少し離れたところから見ているのです。

そして内なる自分が、「しょうがないなあ、じゃあ、航空会社を調べて」「○番のカウンターに行ってみたら?」などと、指示を出してくれます。次の行動に移りやすくなるのです。

想定外の事態が起きて気持ちがズンと落ち込んだとき、そのまま落ち続ける自由ももちろんあります。でも、**そうでない世界も選べるのです。どの世界を選ぶかを決めるのは、いつだって自分自身です。**

ここでご紹介した三つの物事のとらえ方を使うと、落ち込み続ける世界から抜け出しやすくなるかもしれませんよ。

八方ふさがりのときこそ、「天だけは空いている」

そうはいっても、やっぱり悲しい出来事が起きたり、つらい状況に陥ってしまうと、宇宙は本当に味方なのだろうか、と思うことがあるかもしれません。

そんなときのために、心の処方箋を四つほど、ご紹介します。


処方箋のひとつめ。それは、「大変なときというのは、大きく変わるとき」であるということを知っておくこと。

たとえば病気や愛する人との別れ、あるいは仕事を失ったり、借金を抱えてしまったりと、人生にはときどき大変なことが起きます。

大変という言葉は、分解すると「大きく変わる」となりますね。

そうなんです、大変なときというのは、何かが大きく変わるきっかけとなる場合が多いのです。

アメリカの成功者へのあるアンケートでは、彼らが成功した理由のベスト3が「病気」「倒産」「失意」だったそうです。

その渦中にいるときにはもがき苦しみ、涙を流すかもしれません。でもそこを乗り越え、振り返ると、「あのときの経験があったから、いまの自分がいる」と思える日が来る。

だから大変なときには、心のどこかで「ただ大変なだけでなく、大きく変わるときだ」と思ってみてください。

また、私は、人が「ジャンプ」するときというのは、**逆境という形でジャンプ台が用意されているのだな**、とも思っています。

大変なときというのは、見方を変えれば、ふだんより集中力が増して、がんばる力も出るんですね。だから大変なことって、あながち悪いことともいえないのです。

心の処方箋のふたつめ――それは、「泣きたいときにはしっかり泣こう」です。人生に起こることはすべて最高のことですが、だからといって本当に悲しい状況に陥ったときには無理しなくてよいのです。悲しくてしかたないときに、努力して「これはハッピーの種なんだ」と考え、その悲しさに蓋《ふた》をする必要はありません。

泣きたいときには、とことん泣いていいのです。落ち込みたいときには、どんどん落ち込んでください。

なぜなら、そこに抵抗しなくても、無理してがんばろうとしなくても、**人はきちんと成長するようにできているからです。**

私たちはみな、お母さんのおなかでいのちを宿し、この世に生まれて大きくなりました。おなかに戻れと言われても戻れないように、どんなことがあっても、すべては成長するように、発展するようにできているのです。それがこの広大な宇宙のルールです。

だから心配しないで、泣きたい気持ちのときには、その気持ちに寄り添ってください。そして思いきり、安心して泣いてください。

悲しい状況や苦しい状況に陥ったときには、とことんそこにはまることも大事です。

すべての状況は、いつかは必ず変わります。苦しい状況にとことんはまって、そこから抜け出た経験をもっている人は、次に同じような事態になったときには、いまよりもっと賢くなっています。

処方箋の三つめは、「山より大きなイノシシはいない」と知ること。

これは、私の口癖のひとつです。

人生には実にさまざまなことが起きます。でも、山より大きなイノシシがやってくるような事態にはまずなりません。

何かが起きるとしても、**その人が乗り越えられるちょうどよい課題が、ちょうどよいときに、ちょうどよいだけやってきます。**繰り返しになりますが、愛に満ちている宇宙は私たちを潰すようなことはけっしてしないのです。

処方箋の四つめは、「八方ふさがりのときほど天に近くなっていると考える」です。

ときに、どちらに進んでもうまくいかない、どうにも進みようがないという八方ふさがりの状況に遭遇することもありますね。すべての扉が閉ざされているような状況に、呆然《ぼうぜん》と立ち尽くすしかない――。

そんな八方ふさがりの状況にも一カ所だけ空いているところがあります。それは「天」です。右も左も前も後ろも、斜め前も斜め後ろもすべて閉ざされていても、天を見上げればそこは空いている。

八方ふさがりでないときは全方向に対してオープンですが、八方ふさがりのときは天しか空いていません。それは天にいちばん近い状態だと、私は考えています。

だからつらい状況になって、これはどうしようもないというときは、**「行き詰**

まることができるぐらいに私も成長したんだ、ありがたい」と思うようにしています。

そしてそう思えると、実際、つらい状況を抜け出た後は状況がポンッと変わり、ステージアップした新しい現実が始まっているなと感じることがよくあります。

「最高のことしか起こらない」ことを選ぶ
7つのポイント

☆夢をあっさりかなえるためには「最高のことしか起こらない人生」を選ぶ。

☆宇宙はいつも私たちを応援してくれている。

☆宇宙の意思は、愛（天意）でできている。

☆すべてはよくなるようにできている。

☆起こる出来事は、起こりたいように起こるものである。

☆いまできることに気持ちを集中すると、物事がうまく流れやすくなる。

☆本当の自分はいのちで、心とからだは後づけのオプションであると考える。

いまここすべて

いま　ここ　すべて　あいのさと
いま　ここ　すべて　ありがとう
いま　ここ　いきる　ありのまま
いま　ここ　いきる　あいのまま

わたしの　未来は　あらわれない
わたしの　過去も　あらわれない
思ったときだけ　あらわれる
頭の中の　空想図書館

パワースポットは　いま　ここに
どこでもドアも　いま　ここに
我なる宇宙の　とびらを　開く
いま　ここ　宇宙に　我ひとり

世界は　すべて　思いのまま
我が意のままなり　我がままなり
いのちは　ひろがり　ひらかれる
ひらかれ　つながり　つくられる

いま　ここ　いきる　ありがとう
わたしが　わたしに　ありがとう

第3の知恵

「いま、ここを生きる」ことを選ぶ

心の波長に合ったものを、人は引き寄せる

さて、本書はあっさり夢をかなえる方法をメインテーマにしていますが、あなたは、自分の夢がかなうまでの流れを、これまでどのようにイメージしていましたか？

何年何月までにこの夢を達成させると決めて、それまでに日々努力を重ねるという、いわゆる「目標達成型」のイメージでしょうか？

それとも、すでに夢がかなっている状態を強くイメージして現実を引き寄せる、「引き寄せ型」を思い浮かべるでしょうか？

私の場合は、このどちらでもなく、**すでに夢が現実になっている世界がすぐ目の前にあり、「その世界を選ぶ」というイメージです。**

先にお伝えしたように、目の前にあるのは、夢が現実になっている世界ばかりでなく、夢がかなっていない世界、少しだけ夢に近づいている世界、また夢のこ

とをすっかり忘れてしまっている世界など、無数にあります。

そして夢をかなえるには、この無数にある世界のなかから、夢が現実になっている世界を選び、その世界で生きるのです。


では、どうしたら夢がかなっている世界で生きられるのでしょうか。

結論からいえば、**次に現れる世界はその人の心の状態が決めます。**

ここで、「心の状態」というものを、もう少しくわしく見ていきましょう。

この宇宙に存在するすべてのものは、それぞれ固有の波動（バイブレーション）をもっています。そしてあらゆる物質は波と粒の両方の性質をもっています。これを「波動性」と「粒子性」といいます。

たとえば人を見るとき、姿かたちを見ているときは、その人の粒子性を見ています。一方、この人ってどんな性格かしら、と思って見ているときには、その人の波動性を見ているのです。

波動性は、波動が細かいと「波動が高い」状態、波動が粗いと「波動が低い」

状態となります。

たとえばイライラしている人の波動は、その波形が荒々しい海の波のイメージで「低い」状態です。一方で、穏やかな気分の人の波動は、その波形が凪《な》いでいる海の波（きめの細かい振動なので、ほとんど波打っていない状態）のイメージで「高い」状態です。

イライラしている人の近くにいくと、何だか自分の気持ちもざわついてきて、イライラしてしまった経験はありませんか？

逆に、のんびりゆったりしている人のそばにいくと、それまでのイライラが消える場合があります。イライラしている人には、次にいっそうイライラする世界が現れるし、穏やかな人には、次も穏やかな世界が現れるのです。

このように、自分が高い波動を放っていれば、波動の高い世界が現れるし、波動が低ければ波動が低い世界が現れるのです。

そしておそらく、夢がかなっている世界というのは波動の高い世界でしょう。

つまり、**自分の波動を高めれば**（**=ざっくりいうと、心の状態をよくすれば**）、

夢がかなっている世界に生きられるのです（つまり、本書でお伝えする「選択」は、すべて自分の波動を高めるための選択と言い換えることもできます）。

波動を高めるためには、「いま、ここ」を生きること

では波動を高めるには、どうすればよいでしょうか。

そのひとつの方法は、「いま、ここ」を生きることです。

真に「いま、ここ」を生きることができたとき、波動は高まり、夢の実現が近づきます。

先にも述べましたが、海外で個展を開きたいと思っていたところ、旅行先のヨーロッパでご縁があった方からの紹介で、あっさり実現しました。

おまけにその直後、日仏現代美術世界展という海外向けの展覧会に入選したり、日本を代表する二〇〇人の美術家のひとりに選ばれたりもしました。

きっかけは、あるときふと、もし海外で個展を開けたらさらに世界が広がっていいな、と思ったことです。思った瞬間、どこか海外のギャラリーで楽しそうに笑っている自分が思い浮かんだので、その願望はノートに書き込んでおきました。でもだからといって、海外で個展を開く方法を一生懸命調べたり、海外とのコネクションを築くために奔走するなどということはいっさいしません。

このときに私がしたことのまずひとつめは、「海外で個展を開く」という現実を「選ぶ」こと。海外で個展を開き、私がにこやかに笑っている世界を選んだのです。

そしてもうひとつは、「いまを生きる」ことでした。そう、「海外で個展を開く」という夢をもっていることさえ、忘れてしまうぐらいに。

「いま、ここ」がオーケーなら、次に現れる世界はより高次なものになります。

そしてその高次な世界で「いま、ここ」がオーケーなら、次はさらなる高次な世界が現れる。

「はい、ここはオーケーですね。じゃあ、次行きますよ」「さあ、次のいまはどうですか。大丈夫ですね。では次に行きますよ」という感じで、徐々に夢の実現に近づくのです。

これは宇宙の大原則ともいえます。

だから、次の瞬間をよいものにしたいと思えば、いま、ここに心をこめること。いま、この瞬間にベストだと思う行動を淡々とやっていくことです。いまやっていることとひとつになって、喜びながらそれをすることが大事なのです。

ここで誤解されがちなのが、「いま、この瞬間にベストだと思う行動」というのは、夢に直結する行動ばかりとは限らないことです。

目標達成型の場合は、夢の実現に直結する行動を日々やっていくことで夢は実現すると考えます。たとえば三年後にマイホームを持つという目標をもったとしたら、この三年間でいくらの頭金を用意し、そのためにはいくらの節約をして、残業もがんばって……、などと考えるでしょう。この場合なら、日々、節約や必死に仕事をすることがベスト、となります。

でも私が考える「いま、この瞬間にベストだと思うこと」とは、これらとは違います。三年後にマイホームを手に入れようとするなら、たしかに節約や残業も大事でしょう。しかし人生では、その瞬間、瞬間でベストなことが変わります。

そのときのベストは、節約よりも、（たとえ出費が増えたとしても）家族と旅行をして、楽しい時間を共に過ごすことかもしれません。あるいは残業を断って家に帰り、ゆっくりお風呂に入り、早く寝ることかもしれません。

一見、**夢の実現からは遠のくような行動でも、それが「いま、この瞬間にベストだと思うこと」なら、それをやることで夢に近づくのです。**

必要なことなら、やるべきことはやる

大切なことは、いまやるべき行動をきちんと見極めることです。

先ほどもお伝えしましたが、やるべきことは瞬間、瞬間で変わっていくのです。

マイホーム取得の例でいえば、今日のこの瞬間は残業をすることが大事かもしれませんが、明日のこの瞬間は早く家に帰ることが大事かもしれません。

どちらが本当にやるべきことか迷ったときには、心がワクワクするほうを選んでください。世間の常識や義務感にとらわれず、自分のハートの声に素直に従ってみるのです。

ただし、本当はやるべきことなのに、ワクワクを感じない、むしろ抵抗を感じるという場合もあります。

だからたとえワクワクを感じなかったり、抵抗感があったとしても、**夢の実現に必要な行動ならば好きになろうとする思いをもつことです。**したくないことだったとしても、しなくてはならないことは、どうせなら好きになろうとする気持ちで向かい合えたらよいですね。

私の息子のひとりは、学生のときアメリカンフットボールの選手で、日本一の選手になることをめざしていました。彼がその夢をかなえるには、日々の練習はもちろん、ユニフォームの洗濯もしなければなりませんでした。

試合や練習はやりたいことであったとしても、ユニフォームの洗濯は、おそらく彼にとってもやりたくないことだったでしょう。

けれど、彼がどんなに疲れて帰ってきても、遅く帰ってきたとしても、私は彼のユニフォームを一度も洗濯しませんでした。それは、彼が自分のために自分の手でやるべきことだからです。

そのかいがあってか、彼は兵庫県代表選手となって活躍しました。

同じように、たとえばトイレをいつも磨いておくというのは、慣れないと抵抗があるかもしれません。でももしそれをやらないといけないとしたら、**それは自分にとって必要なステージが来ている**、ということなのです。

このことはまた、夢がもてない、ワクワクすることがなかなか見つからないという人にもあてはまります。その場合は、いま目の前にあること、いまやるべきことを好きになれる自分になるよう、精進の場が用意されたと考えます。

抵抗があるものが達成できたときは、人は必ずワンランク上のステージに行けます。いまある次元より、よい高い次元へと移行します。

ちなみに、あなたの家のトイレは、ピカピカですか？

もしそうでないなら、ぜひ磨いてみてください。実際にやってみると、他の場所の掃除では得られない達成感と気持ちの浄化、そしてステージがワンランクアップするのを実感できますよ。

過去も現在も関係ない、世界は瞬時に変えられる

多くの人は時間を、過去から現在、現在から未来へ流れるというように直線的にとらえています。そして目の前に起きている現実も、その直線的な時間の流れに沿っている、と考えています。

たとえば、ある人が勤務先で相性の悪い上司に小言を言われて、気分がドスン

と落ち込むような状況になったとしましょう。その人は、実は前にいた会社でも上司と合わずストレスを抱えて退職したという経験があったとすると、「今回も同じようにこの会社を辞めるかもしれない」と考えがちです。

このように、人は過去の経験に照らして「ああなったら、こうなるだろう」「こうしたら、ああなるだろう」「こうしたら、ああしかならないだろう」などと勝手な予測を立ててしまうのです。

でもそれは本当にそうなのでしょうか？

私は、（前にも書きましたが）世界は同時に無数にあって、みな瞬間、瞬間でどの世界で生きるかを選んでいると考えています。

たとえばクリスマスツリーには、点滅を繰り返す小さな電飾ライトが飾られますね。電飾ライトは、光るライトが次々変わっていきます。いまはこのライトがついていても、次は別のライトがつくというように。

私たちが生きている世界も、この電飾ライトと同じように、いま目の前にひとつの世界が広がっているとしても、**次の瞬間にこの世界は消えて、別の世界が立**

ち上がる可能性があります。

そして、その世界もまた消えて、さらに別の世界が立ち上がる可能性もある。この点滅活動の繰り返しが時間だと思っています。

たとえば、目の前に水が入ったコップがあるとします。次に、そのコップの水を飲み干して同じ場所にコップを置いたとします。

過去―現在―未来という「直線的」な時間の流れのなかでは、それはコップの水を飲み干して空になった、と見えます。

しかし、こういう解釈もできます。

水が入ったコップが置いてある世界と、空のコップの置いてある世界のふたつの世界が、同時に存在していた。水が入ったコップのある世界が消えて、空のコップが置いてある世界が姿を現した――。

なんだか哲学の話をしているみたいで、わかりづらいかもしれませんね。では、次の例ではいかがでしょう?

夫婦喧嘩《げんか》をして、私の夫が不機嫌になったとしましょう。しばらくすると、夫はいつもの穏やかな夫に戻っています。

一般的な時間のイメージでとらえると、「時間とともに不機嫌な夫が穏やかな夫に変わった」と思うでしょう。

しかしもともと、不機嫌な夫も穏やかな夫も同時に存在するのです。最初に不機嫌な夫が現れたのは、**私がそれにフォーカスして、私がその世界を選んだからです**。しばらくして夫が穏やかになったのは、私の波動が穏やかになったことで、もともと穏やかだったほうの夫が「立ち上がった（この世界に現れた）」と考えられます。

「いま、ここ」はすべてがかなう交差点

自分をとりまく世界は、過去や現在に関係なく、いつでも変えられるのです。

これまでお伝えしてきたように、次のどの世界を選ぶか、どの世界が立ち現れるかは、つねに自分が決めています。

そして、その世界をもっとも変えやすいのが（新しい世界を選びやすいのが）、「いま、ここ」です。

「いま、ここ」はあらゆる可能性が開放系になります。「いま、ここ」は三六〇度の可能性が手に入る「ゼロポイント地点」。**どんな世界も選び放題の可能性の交差点が、「いま、ここ」なのです。**

過去でも未来でもない「いま、ここ」を意識すると、いったん、自分がゼロ化され、過去にも未来にもこだわらない新しい世界を選べるのです。

このときの脳内の動きを少しイメージしてみましょう。

脳内の大脳皮質には一四〇億個の神経細胞があるといわれています。その神経細胞間を電気信号が駆け巡ることで、からだに指令を出したり、モノを考えたりしています。

ところで、この神経細胞間には、わずかな隙間が空いていて、電気信号はその隙間をジャンプしながら伝わっていきます。

「油っぽいものを食べると太る」「小さな運を使ってしまうと、大きな運を逃す」など、人それぞれ思考回路の癖をもっています。「ああなると、こうなる」「ああすれば、こうなる」などのように。

でも「いま、ここ」に戻るとそれがゼロ化されます。神経細胞間のいつもの電気信号の流れがいったん止まるのです。そして、情報伝達物質がいつもとは違う神経細胞につながる可能性があります。すると新しい現実がパッと見えるのです。

現代は「ストレス社会」などともいわれますね。そもそもストレスとは何でしょうか?

ストレスは、心が過去や未来に行っているときに生まれます。

「もっと勉強しておけばよかった」

「家族にひどいことを言ってしまった」

「将来は大丈夫だろうか」

「リストラにあったらどうしよう?」

「試験に落ちたらどうしよう?」

たとえばこのように、過去を悔やんだり、まだ起きていない未来の出来事を心配するのがストレスです。

でもよく考えてみてください。**人はいま(現在)にしか生きられませんね。過去にも未来にも生きられないのです。**

したがって、この瞬間にできるひとつのことに心を合わせて、「いま、ここ」を生きることができたら、ストレスは起きないのです。

かんたんすぎる、「いま、ここ」に戻るための方法

では、どうしたら「いま、ここ」を生きられるのでしょうか。

私がときどきやっているのは、**オードリー・ヘップバーンの「唇には笑みを、まなざしには愛を」という言葉を思い出すこと**。そしてその言葉を実践するのです。

「いま、ここ」から心が離れているときというのは、目が三角になって、眉間に皺《しわ》が寄って、呼吸が浅くなっているときが多い。そんなとき、「唇には笑みを、まなざしには愛を」と言って、「いま、ここ」を意識する。すると、次の瞬間、見える世界が変わります。

あるいは、もっとかんたんにできる方法もあります。それは、心のなかでふと「いま、ここ」と思うだけです。

そう思ってみてもドキドキしたり、気持ちがざわついてしまうときには、次の呼吸法を試してみてください。

①まず余分な息を全部吐き切ってからゆっくりと息を吸います。このとき「いま」と心で唱え、いまこの瞬間を意識します。イメージとしては、いまに

集中しながら、自分のなかに中心軸を立てるような感じです。

②次に息を吐きながら「ここ」と言い、中心軸をもとに、自分のからだとまわりの環境を意識して、空間のなかにいる「われ」を認識します。

③再び息をゆっくり吸って「われ」と言い、自分のからだのぬくもりを意識します。両腕を交差したり、手を重ねてぬくもりを感じてみてもいいでしょう。

④最後に息を吐きながら「光」と言い、身体感覚の内側にある内的自己の光が、外に向かってさんさんと輝き溢《あふ》れるイメージをします。

このワークをやった後に静かに目を開けると、目の前に繰り広げられているすべてのものが愛《いと》おしく感じられてくると思います。

実はもうひとつ、かんたんに「いま、ここ」を生きる方法があります。

それは、笑うこと。

純粋に笑うことはいまを生きていないとできないですね。子どもは一日平均四

○○回笑うのだそうです。子どもがいかにいまを生きているかがわかります。
それに比べて、大人が一日に笑う回数は平均六回なのだそう。平均なので、一日に一回も笑わないという人もおそらく多いでしょう。

そこで私がおすすめしたいのが、**「これを見れば思わず笑ってしまう」というコンテンツを見つけておくこと。**お笑いの映像でも、コメディ映画でも、マンガでも何でもよいのです。笑いのツボは人それぞれ違うので、自分の笑いのツボに常にはまる、というものをぜひ見つけてください。

そして気持ちが落ち込んだときや、どうしてよいかわからないときにそれを見て思いきり笑う。笑ったあとには、それまでとは違う現実が見えるでしょう。

ちなみに私が必ず笑えるものとして用意しているのは、インド映画『ムトゥ踊るマハラジャ』のＤＶＤです。この映像の踊りを観るたびに、笑いがこみあげてきて、一緒に踊りたくなってしまうんですよ。

「いま、ここを生きる」ことを選ぶ
7つのポイント

☆自分の波動を高めて、心の状態をよくすれば、夢の実現が早くなる。

☆波動を高めるには、いまとひとつになることである。

☆いま、やるべき行動を見極めて進もう。

☆自分のハートの声に従って、心がワクワクするほうを選ぶとよい。

☆「いま、ここ」は、あらゆる可能性とつながるゼロポイント地点である。

☆「いま、ここ」と思うだけで、ゼロポイントに戻っていく。

☆いちばんかんたんな「いま、ここ」に戻る方法とは、笑いである。

オッケージャンプ

だって　そうなんだもん
しかたない
どうしようもないときだって
あるんだよ

からだ　ばりばり
こころ　しくしく
なんか　いやだな　ゆるせない
こんな　わたしは　いやだなぁ

でも　ほんとは　知っている
深い　わたしは　知っている
こんなときこそ　チャンスだって
ぐいんと　のぼる　そのときは
涙のじゅうたん　ジャンプする

泣きたいときは　泣いていい
許せないなら　許さないでいい
どんなわたしも　うつくしい
いろどり豊かに　うるわしい

わたしは　わたしを　まるごといきよう
いきるは　よろこび　まるごとオッケー！

第4の知恵

「どんな自分もまるごと許す」ことを選ぶ

心もからだも、あなたのものではない

あなたは、自分が他人からどう見られているか、どんな評価を受けているかを気にしすぎてはいませんか？

たしかに人は、自分以外の人を見るとき、さまざまな「色」をつけがちです。あの人は仕事ができる人だなあとか、あの人は性格がよい人だなあとか。

頭の回転が鈍そうだな、服のセンスがよくないな、などというマイナスのものもありますね。他人の目を気にしないつもりでいても、知らず知らずプレッシャーは感じてしまうものです。

そしてまた、自分に対しても同じことをしている場合があります。

私はどうしてこんなに仕事ができないのかな、どうしてこんなに要領が悪いのかな、などと自分で自分に点数をつけて、こんな自分は嫌だな、こんな私はダメだな、などと思っているのです。

でもそろそろ、それをやめませんか？

夢があっさりかないやすいのは、自分以外のだれかの喜びを生み出そうとワクワクしているときです。だれかのためを思っているときです。

だれかのためを思うには、まず自分で自分のことを思ってあげる必要があります。**他人がどう見ようと、自分だけは、どんな自分もまるごと受け入れてあげるのです。**

こういうと、「自分をまるごと受け入れるなんてムリ。欠点も自信のないところもたくさんあるし……」と思うかもしれません。

でも、実は欠点も自信のないところも、本当の自分ではないんですよ。

私は、人というのは、肉体でも、感情でも、思考でもないと思っています。人というのは、その奥にある「いのち」（魂といってもいいです）だと思っているのです。

いのちが、その人の真の部分で、からだ（肉体）と心（感情や思考）は、あとからくっついたものにすぎません。

たとえば私には、ときどき太ったり痩せたりするからだがあります。そして「嫌だな、どうしよう」「わあ、うれしい」などという感情があります。「これはいまやるべきことではないな」「明日は早いから、今日はもう寝よう」などと考える思考もあります。

ふだんの生活で目立つのは、このからだと心ですが、でも本当の私というのは、その奥にある「いのち」だと思っています。

いのちの世界というのは、無限の海みたいなところですべてがつながっています。限界も境界もない、至極平穏な世界です。

でも、その世界だけでは退屈なんですね。そこで「私」という意識が生まれました。意識だけでは何の行動もとれないので肉体をもちました。いろいろ考える思考ももちました。

このようにして、大きな無限なるいのちのなかの「私」といういのちが、肉体をもち、感情をもち、思考をもったのです。

そして、いのちは太陽みたいなもので、本来はだれのいのちもピカーンと輝いています。**自分というのはいのちなのです。太陽のような輝きが、だれの内にもあるのです。**

ふだんはこのいのちが、心とからだと出来事を観察しています。ふだんの生活で目立つのは心とからだですが、本当はいのちが主役で、心とからだは脇役なのです。

許せない自分もまるごと許してあげよう

人が自分以外の人を見るとき、さまざまな「色」をつけるのは、この心とからだの部分です。たとえば「あの人は性格がいいね」というのは、その人の心を見ているだけだし、「あの人は美人だね」というのは、その人のからだを見ているにすぎません。

これがわかると、自分の心とからだを客観的に観察できるようになります。

そしていろいろなことが楽になります。

たとえば、だれかを許せなくて苦しくなるときはありませんか？

だれかに裏切られたり、だまされたり、ひどいことをされたとき、だれしも「許せない！」と思いますね。その「許せない」という思いがさらなる不幸を呼び、「負の連鎖」となる場合もあります。

だから多くの人は「許しなさい」と説く。でもね、誤解を恐れずにいうなら、

私は**許せないと思う人を無理して許そうとする必要はないと思うんです。**

なぜなら強引に許そうとすると、自分の心にさらなるストレスをかけることになります。また無意識に自分が許せるような状態になれるよう、期待と不安、そして執着心も増すのです。

これではたぶん、永遠に許せません。そこで相手を許そうとするのをやめる。

許すのは自分に対してです。許せない自分を許してあげる、許せない自分を認めてあげるのです。

真の自分はいのちであることを知っていると、「許せない」という自分の心を客観的に見られます。

「あぁ、いまの私の心は、まだ許せないんだな」って。

心と一体化して「何とかして許そう」とがんばったり、「やっぱり許せるものか！」と開き直ったりせず、そのときの心の状況に、ただそっと寄り添うのです。うん、うん、そうか、そうか、許せないんだね、と。

こうして自分の心を客観的に見つめていくと、あるときふと気づけるんですね。**ああ、許すというのは相手ではなく、自分の心の問題だったのだと。**もっといえば「許せない」という思いは感情の領域で、「許さなくては」というのは思考の働きであって、つまり自分の本質ではないなと気づけるのです。

他人の目が気にならなくなる

真の自分はいのちであることを知っていると、「人にどう思われても、別にどうでもいいな」という気持ちになれます。**何かを言われても「そうかもしれませんが、それが何か？」と思えるようになります。**そう、他人の目や評価が気にならなくなるのです。

先ほど、人がほかの人に「色」をつけるのは、心とからだの部分だと書きました。

さらにもうひとつ、人が別のだれかを評価するときというのは、その人の「役割」に対してなのです。

たとえば私は、仲のよい友だちどうしの間では気さくな人かもしれませんが、近所の奥さんたちの間では愛想の悪い人かもしれません。学校のＰＴＡをやっていたときには口うるさい人だったかもしれないし、親戚にとってはいつもそつなくふるまっているだけの嫁かもしれません。

このように、**私という人間は役割によっていろいろ変わります。そして他人はたいてい、この「役割」を通してその人を見ています。**

批判したり意見を言ったりするのは、その役割に対してなのです。「あんなことをするなんて母親らしくない」「女性として恥ずかしくないの」「もっと上司らしくしてほしい」などと。

でも「役割」は、その人の影のようなものであって、その人そのものではありません。だからだれかに何かを言われたとしても、「ああ、影に対して言われているな」と思えるようになります。**「影に対して言われてもな～」と軽く流すことができるようになるのです。**

自分に対してそういう見方ができると、今度は自分以外の人に対してもそのように見ることができるようになります。

人と関わりをもつとき、その人の表面に出ている心とからだだけでなく、いのちを感じられるようになるのです。

息子の「いじめ事件」から学んだこと

もうずいぶん前ですが、息子のひとりが小学校を卒業する直前にいじめられたことがありました。

もともとは、単なる悪ふざけだったのでしょう。それがだんだんエスカレートして、とうとう、抜き差しならないところまできたのです。

それは子どもだからといって見のがすことはできないものでした。いじめを行った相手は、からだの大きなクラスのボス的な存在です。

とはいえ息子は、何も言わないまま、普通に学校に通っていました。いじめのことが発覚したのは、それを見ていた同じクラスの子の幾人かが、学校へ行きたくないと言い出し、そこで初めて先生も親も知ることになったのです。

学校から連絡が来て事態を知った私は、何ともいえない憤りや悲しみ、やるせなさ……さまざまな感情が混じり合って、久しぶりに心が乱れ、落ち着かない数日間を過ごしました。

その間、幾度も自分自身の感情と向き合って、その出来事を俯瞰《ふかん》できるようになるまで、自らの心と格闘しなければなりませんでした。

というのは、週末には、いじめた子どもと親が、謝罪しに来ることになっていたからです。

そして、そのときはやってきました。

私は緊張した面もちで彼らを待っていたのですが、いざ、子どもの顔を見たときに、少し拍子抜けしてしまいました。

なぜなら、親より背は高くなっているものの、顔にはまだあどけない表情の残る少年なのです。

その子は、青ざめた顔をして、お母さんに連れられて立っています。

そして震える声で、「僕は、○○クン（息子の名前）をいじめました。ごめんなさい……」と玄関の床を見ながら言いました。

私は「どうして、息子をいじめたくなったの？」と聞きました。すると最初は、誰でもよかったなどと言っていましたが、ふと、思い出したように「だって、アイツがしあわせそうだったんだもん……」とつぶやきました。

そのとたん、その子の心のなかにある寂しさ、悲しさが、一気に私の心にも流れ込んできました。すると、私の胸もきしむように痛くなって、思わず、

「**寂しかったね。つらかったね。本当によくがんばっているよね**……」と言ってしまったのです。

その子はびっくりしながら、私の目を見ています。

すると、そばにいたお母さんが突然、ワッと泣き出し、

「申し訳ありません……申し訳ありません……」

と言って平謝りし始めました。

お母さんが言うには、シングルマザーでがんばっていたけれど、精神的につらいことが重なり、子育てに向き合う余裕がなくなってしまったそうなのです。

私はお母さんの背中をさすりながら「もういいです。大丈夫、大丈夫です」となだめていましたが、繰り返し、息子の将来を悲観する否定的な言葉をなげかけ

ては、自らを責め続けています。

その傍らでは、青ざめた子どもが、うつろな表情で立っていました。どうやら彼は、今回のいじめだけではなく、他でも、いろいろなトラブルを起こして問題児となっていたようなのです。


私はその子に問いかけました。

「君は本当にそんなことしたかったの?」

するとその子はハッキリと「いいえ」と答えました。

「じゃあ、本当はどんなことがしたい?」と聞くと、しばらく考えてから、

「オレ、カッコいいことしたい」と言いました。

私はとっさに言いました。

「カッコいいこと教えてあげようか」

「うん」

「それは、お母さんを抱きしめてあげることだよ。そしてお母さんはオレが守る

から、って言ってあげな。それって、最高にカッコいいと思う」

そう言うと、その子は、黙ってお母さんの背中に手をまわし、ギューッと、背中から抱きしめて顔をすりよせたのです。その姿を見た、私と夫、そしてその子もお母さんも、みんなポロポロ涙をこぼして泣きました。

その子は、帰りがけに、「僕はおとなしい子と、お母さんを守る人になるから」と言い、母親の腕を支えて帰っていきました。

一方、お母さんには「ともに、子どものしあわせを願う同志として生きましょう」と告げたことで、転勤でその土地を離れるまで、よいおつきあいをさせていただきました。

問題児といわれていたその子は、以来、問題行動がぐんと減り、親子関係もどんどん改善していったということです。

実は、このような対応ができたのは、息子の思いがけないひと言があったからでした。

今回のいじめがわかったとき、息子の気持ちはどうなのかを聞いたのです。さまざまな感情が入り混じって心配する私に、彼は悲しそうな顔をして答えてくれました。

「○○くん（いじめた子の名前）のいろんな気持ちを、ちゃんとわかってあげられない自分が情けないんだ」と。

これには正直びっくりしました。雷に打たれたほどのショックでした。想像だにしなかった言葉を聞いて、その日はなかなか寝つけませんでした。

私は自分の未熟さと正面から向き合い、これからはよりいっそう強い意志をもって、「いのち」の視点から物事をとらえ、思考と感情、出来事を俯瞰できる人になるぞと心に決めました。

こうして、**子どものいじめ事件で湧き上がってくる種々の感情を、ただひたすら見つめ、裁かず、受け入れることに意識を向けたのです。**

起こる出来事は何であれ、すべてはよき方向へとつながっていること、起こる出来事そのものよりも、その出来事を通して、いのちは何を伝え、何を学びたいと思っているのか？

人として、どう成長し、学びの糧とするのか？

このことを実体験をもって深く考えさせられた一件でした。

自分を好きになるシンプルなワーク

いかがですか？　人間の本質はいのちそのもので、心とからだはあとからくっついたものだと知ると、他人も自分も受け入れやすくなりませんか？

真の自分はいのちだと知っていると、ダメな自分が愛《いと》おしくも見えてきます。

まるでゲーム「スーパーマリオ」のマリオを見ているような気持ちで、自分を見られるのです。

マリオはジャンプが弱かったり、落とし穴に気づかないで落ちてしまったり、何かが落ちてきてぶつかったりと、いろいろと失敗をやらかします。でもゲームをやりながらマリオの失敗にとことん落ち込むことはありませんよね。「ああ、またやっちゃったね」と一歩引いた状態で見られるはずです。

また、マリオを憎んだり恨んだりもしませんね。架空のキャラクターではあるけれど、どこかに愛情をもって見ているからでしょう。

それと同じように、自分の失敗やダメな部分も、どこかに愛情をもって客観的に見られるようになるのです。

それはダメな自分をまるごと受け入れていることでもあるのです。

最後に、どんな自分も、まるごと許せるようになるワークをご紹介しましょう。とても簡単なワークです。

それは、**鏡に映る自分に向かって、「愛しているよ！　がんばっているね！」と言葉にして言うだけ**。鏡に映る自分の瞳をしっかり見ながら言います。

このワークをやると、自分に愛が注がれて、気持ちだけでなく外見もきれいになれますよ！（もちろん男性も）

「どんな自分もまるごと許す」ことを選ぶ
7つのポイント

☆だれかを喜ばそうとワクワクすると、夢はより、かないやすい。

☆どんな自分もまるごと受け入れる。

☆いのちは太陽のように、みなに等しく輝いている。

☆許せないなら、許せないままでいい。そんな自分を許そう。

☆人と関わるときは、その人の表面ではなく、その奥のいのちを見るとよい。

☆自分の失敗やダメな部分を、愛情をもって見る。

☆自分に愛をきっちり注ごう。

ホケ〜

小さなタネ

ゆるっと　まるっと　まったりと
わくわく　にこにこ　ほほえんで
すごそう　あるこう　うれしいな

がんばる　自由も　あるけれど
たのしむ　自由も　あったよね
イライラ　ムカムカ　カリカリも
たしかに　自由　それもいい
でも　味わいしつくし　おわったら
やっぱり　うたって　わらおうよ

いい気分で　過ごすこと
いま　この瞬間　選ぶこと
ちいさな　ちいさな　積み重ね
おおきな　おおきな　花が咲く
どうぞ　すべてに　幸いあれ
今日も　一日　いい日でいよう

第5の知恵

「この瞬間、いい気分で過ごす」ことを選ぶ

いい気分はいい未来につながる

唐突ですが、次の問題を考えてみてください。

〈問〉あなたはいま、「三年後に英語がペラペラになる」という夢を抱いているとします。この夢を確実に実現するために、あなたがとるとよい行動は次の三つのうちどれでしょう?

①一日最低一〇個、新しい単語を覚える。

②毎日、部屋のそうじを少しずつする。

③ネイティブの人を見つけて、できるだけ話しかけるようにする。

さて、あなたはどれだと思いますか。

私の考えでは、②の「毎日、部屋のそうじを少しずつする」です。

なぜなら、そうじをして部屋がきれいになると、いい気分になるからです。**いい気分でいると、夢の実現のスピードが速まるのです。**

なぜそうなるのかといえば、いい気分というのは、いい未来を引き寄せるから。

先に「いまの自分の状態が次に現れる現実を決めるのだ」とお伝えしました。

いい気分のときというのは、心もからだもリラックスしている状態です。細胞の働きさえリラックスしているでしょう。

波動でいうなら、きめの細かい振動を繰り返す「高い」状態。このようなよい状態のときは、自然といい未来とつながります。

もちろん逆もあります。

あまりよくない気分のときには悪い未来を引き寄せやすいのです。

「昨日も夫婦喧嘩《げんか》をしてしまって……。本当にイライラしてしまったわ」と言う人がいますが、本当は喧嘩をしたからイライラしてしまったのではなく、**もともとイライラしていたから喧嘩が起きてしまったのです。**

「火のないところに煙は立たない」といいますが、たとえ夫や妻がカチンとくるような言動をとったとしても、それを「カチンとくる」と受け取る心がなければ喧嘩は始まらないはずです。

いい気分を選択した上で、ピン！ ときたものをひとつひとつこなしていけば、着実に、そして確実にブラッシュアップされた、さらなる未来が広がっていくことでしょう。


最近、いい気分というのはやはりいい未来とつながるのだ、と実感したことがありました。それは、三男がドイツ留学の試験を受けたときのことです。

この留学は少し特殊で、日本人枠二名という制限がありました。試験を目前にして、息子は「緊張する」と言い出しました。競争率の高い試験だったので、息子は受からないかもしれないと思いつつ、同時に彼がとてもきれいな牧場で笑っている場面が思い浮かびました。

そこで息子に言いました。「**留学が本当にあなたの望む道ならば、道は開ける**

から」と。そして「未来の自分がどうなっているかは自分で選べるよ。ドキドキしてもうダメかもしれない、と思っている自分を選ぶ？　それとも留学が実現して楽しんでいる自分を選ぶ？」と聞きました。

すると、ハッキリと「楽しんでいる自分を選択する」と息子。

「じゃあ、もし留学が実現しなかったら、それはいまのあなたに必要なかったということだよね。どっちに転んでも最高のことしか起こらないから、試験の準備をとことん楽しみなさい」

私はこう言って、楽しい気持ちだけにフォーカスするようにとアドバイスしました。結果ではなく、そこに至る思いにフォーカスするようにしたのです。

結果に至る過程の一瞬一瞬を深く楽しめたら、結果はどちらでもよくなります。

そもそも、結果というのはただの「果実」にすぎません。人というのは、「果実」の部分だけでなく伸びようとしていく木そのものです。そう考えると、結果が出ようが出まいがどちらでもオーケーになりませんか？

でも実は「どちらでもオーケー」というところまで気持ちがなったときには、

ほとんどの場合、結果もうまくいきます。

息子の留学試験は、応募用紙だけで三〇枚ほどありました。用紙を作成するには、まずは用紙に書かれたドイツ語を英語に換え、そこから記入内容を考えなければなりませんでした。息子は準備を進めながら「もうダメ〜」などと嘆いていましたが、その大変さも楽しんでいるようでもありました。

そして結果、無事に試験に合格できたのです。

このように、いい気分はよい未来につながりやすいのです。といっても、ただいい気分を選択するだけでは、もちろん夢はかないませんね。

冒頭の問題の答えで、①の「一日最低一〇個、新しい単語を覚える」を選んだ方もいるでしょう。英語をペラペラになりたいという夢なら、単語を覚えることは必須です。

でもやはり、**そのベースに「いい気分」があるとよいのです**。苦労してがんばって単語を覚えようとするのではなく、単語を覚えることを楽しむという具合です。

歯を食いしばってがんばってやっていると、それができなかったときに敗北感を味わってしまうでしょう。「あぁ、今日も一〇個、覚えられなかった」と。

でも本当は、敗北感など感じる必要はありません。軽く「**できませんでしたが、それが何か？**」って考えればいいのです。そして明日からまた、いい気分で単語を覚え始めればいい。敗北感を重ねて、「もうダメだ」と途中で挫折してしまうより、何倍もいいのです。

そのルールを手放せば「いい気分」を選べる

いい気分がよい未来を引き寄せるのですが、「いい気分」を選択するにはちょっとしたコツが必要な場合があります。

それは「**〜せねばならない**」「**〜すべき**」**という自分のルールを手放すこと。**

人はだれでも知らず知らずのうちに、いくつもの「〜せねばならない」「〜すべき」というルールを抱えています。

たとえば、子どもが中学校で野球部に入部したら、多くの親が「三年間は野球部でがんばるべき」と考えます。途中でやめたり、たとえばサッカー部に移るなど部活を変えるなんてとんでもない、と思っています。

そう考える人のなかには、「一度入ったら、何が何でも最後まで続けなければならない」というルールがあるのでしょう。

でも、そのルールは本当に必要でしょうか？

実際に野球部に入ってみたら自分にはどうも向いていないとわかった、という場合もあるでしょう。こんなときは、サッサと野球部をやめて、新しいスポーツに挑戦してもいいのです。あるいは、野球部でもう少し様子を見つつ、地域のサッカークラブに入って野球とサッカーの両方を楽しむという方法もあるでしょう。

しかし、「一度入った部活は、何が何でも最後まで続けるべき」というルールを植えつけられた子どもは、野球がうまくいかないことに対して、自分の努力が足りないからだ、などと考えてしまいます。そして歯を食いしばって、人の何倍もがんばろうとします。がんばることが楽しければいいのですが、自分に課したルールを守るためだけのがんばりでは、なかなか「いい気分」を選択できません。

先日、海外へ行く飛行機の中で、映画を観ようと思いました。いくつかある映画のなかから、「これはいいかも」と思って選んだ映画を観始めたのですが、途中で「つまらないなあ」と感じました。まったく感情移入ができなかったのです。そこでその映画は途中でやめて、次の映画を選びました。ところが、これもあまりおもしろくない。

そして三本目にして、ようやく「これなら楽しく観られそう」という映画にぶつかり、最後まで「停止ボタン」を押さずにすみました。

でも、これができない人もいます。その人のなかには、「映画は一度始まったら、最後まで観るべき」というルールがあるのでしょう。本も、読み始めたら最後まで読まなくては、と考える人は少なくありません。

つまり、**不必要なルールに縛られて、「いい気分」を選択するチャンスを逃が**

してしまっている人が多いのです。

なので、「〜せねばならない」「〜すべき」というルールを多くもっている人は、それをできるだけ減らす努力をしてみてください。「そのルールは別に守らなくてもいいのだ」と自分で自分に許可することです。ルールからどれだけ自由になれるかで、「いい気分」も選択しやすくなります。

落ち込んでいますが、「それが何か？」

いい気分がいい未来につながる——。

そうはいっても、人生にはさまざまなことが起きるので、やはり落ち込むときもあるでしょう。

どんなときも、何が何でもいい気分を選択しようとするのは、「いつでもいい気分でいるべき」というルールに縛られているのと同じこと。いい未来とつながりたければ、いい気分を選択するとよいのですが、「いい気分」にとらわれすぎないこともまた大事です。

では、落ち込んでいるときは、どうすればよいでしょうか。**そんなときに絶大な効果を発揮する「魔法の言葉」があります。**それは、次のようなもの。

「落ち込んでいますけれど、それが何か？」

いい気分を選択できない自分を責めずに、「そりゃあ、人間だから落ち込むときもあるよね」と、落ち込んだ自分を肯定してあげます。

いちばんよくないのは、落ち込んでいる自分に対抗して、何とかこの状況を脱しようとがんばったり、強引にポジティブシンキングにもっていったりすることでしょう。落ち込んでいる自分と戦うのは、一見前向きなようで、落ち込んでいる状態にますます埋没していくことになりかねません。

でも「落ち込んでいるね」と認めてあげると、落ち込んでいる自分をもうひとりの自分が客観的に見ている気持ちになります。そうすると、「じゃあ、とりあえずあったかいお風呂に入ろうかな」とか「今日はもう寝ようかな」などと、少しでもいい気分へ行く方向への模索が始まるのです。

だから落ち込んだときには、落ち込んでいる自分にそっと寄り添ってあげてください。そして、60ページでもお伝えした、宇宙の大いなる愛を思い出して次のように言ってあげてください。

「**大丈夫。宇宙はあなたを潰すようなことは絶対にしないよ**」

人間関係の悩みも、ここに気づけば抜けられる

人間関係で悩んでいるときというのは、なかなかいい気分を選択できませんね。

私はときどき、友人などから「○○さんから嫌われている気がする。どうしたらいいと思う?」などと相談を受けます。こういう場合、たいていは相談してき

た本人も相手のことをよく思っていません。

こんなとき、私は相談してきた友人に次のように聞きます。

「○○さんに嫌われている気がして、あなたも○○さんのことをよく思っていないんだよね。**でもそれって何か問題ある？**」と。

すると、友人はしばらく考えてから「あれ？　とくに問題はないね」と気づく場合が少なくありません。

そこにあるのは、問題ではなく「○○さんは私のことを嫌っている。そんな○○さんのことを私も嫌っている」という事実だけです。

これに気づかないでいると、こんなとき、私たちはつい、相手のことを何とかして許そうとがんばったり、相手から嫌われないようにしたりともがいてしまいます。幼い頃に親や先生などから聞かされた、「だれとでも仲よくしなければならない」というルールに縛られているのかもしれません。

しかし、何とかして許そうとがんばったり、相手に嫌われないようにする努力は無駄に終わる場合が多い。努力をしても何も変わらないことがほとんどです。

そうはいっても、その人間関係に対するどこかモヤモヤした気持ちは何とかしたいと思うでしょう。

でも「○○さんは私を嫌っていて、私も○○さんを嫌いだけれど、とくに問題はない」と気づけば、別の「いい気分」を選択できるようになります。○○さんとの関係はいったん置いておいて、**別のワクワク、いい気分を選択すればよいのです。**

先に、「世界は同時に無数に存在する」とお伝えしました。この場合でいえば、人間関係で悩んでいる世界もあるけれど、まったく悩んでいない世界や、少しは気になるけれどほとんど問題視していない世界も同時にあるのです。

人間関係に悩んでいる世界から、まったく悩んでいない世界や、少しは気になるけれどほとんど問題視していない世界に行くには、「いい気分」を選択すればいいのです。人間関係とは別の自分のワクワクする気持ち、いい気分のほうを追いかけてみます。

すると、スッと、人間関係についてほとんど気にしていない世界に行けます。その世界でも相変わらず、相手は自分のことを嫌っているかもしれません。でもその世界では「まあ、いっか」と思えます。出来事は同じでも、出来事に対する自分の感情が変わるのです。

相手が嫌みを言ってくるような場合なら、たとえ嫌みを言われても気にならなくなったり、嫌みそのものが聞こえなくなるなどします。

そして最後は、自然と会わなくなったり、相手が突然引っ越して物理的に会わなくなったりする。**いい気分を選択することで、現実が変わっていくのです。**

人間関係で困るのは、どうしてもつきあわざるを得ない人とうまくいかないときではないでしょうか。お姑《しゅうとめ》さんだったり、お嫁さんだったり、上司や部下、クラスメイトや学校の先生……。この場合は、「相手は私を嫌っているけれど、それはとくに問題じゃない」とはなかなか思えませんね。自分を嫌っているかもしれない相手と毎日顔を合わせるのは、かなりつらいでしょう。

こんなときにはどうすればよいのでしょうか。

私がときどきやるのは、**嫌だなと思う人こそ、その人の素敵なところを見るようにすることです。**

たとえば、嫌だなと思う相手が、遠慮なくズケズケとだれにでも物を言う人だとしましょう。

その人は、きっとほかの人たちから「あんなにズケズケ言わなくてもいいのに」「もう少しまわりを考えて発言すればいいのに」などと思われているはずです。その人のとがっている部分というのは、目立って、まわりから見えやすいのです。そして直接言われないとしても、自分へのマイナスの感情というのは、何となくその人に伝わります。

それをふだんからたくさん浴びているので、その人も実はどこかハッピーではないはずです。

そういう人に対してこそ、あえて素敵なところを見つけるのです。ちょっと笑ったときの笑顔がかわいい場合もあるでしょう。洋服のセンスがよいかもしれません。子煩悩だったり、料理上手だったりするかもしれません。

そんな素敵なところを見つけて、きちんと言葉にして言ってあげます。「笑顔が素敵だよね」「いつも洋服のセンスがいいよね」などと。

すると、最初は嫌だと思っていた人ほど、オープンハートになってこちらを見てくれます。うれしい念を与えてもらえるので、こちらもまたうれしい念を送ることができる。うれしいエネルギーどうしがぶつかると、相手のよいところ、光っているところがさらに広がって見えるし、自分のよさもまた広がる。よい相互作用が起きるのです。

すべては「地球学校のレッスン」だと思うこと

人間関係で困ったときの対処法はもうひとつあります。

それは、**自分にとってのレッスンだと思うこと。**

あなたのまわりには、あなたが「嫌だ」と思う人はいますか？　もしいたら、その人のどんなところが嫌なのかを考えてみてください。

同じ質問をしたら、ある人からは「わがままなところ」という答えが返ってきました。別の人は「嫌なことを言うところ」と答えていました。

先日、私も「何だかこの人感じ悪いな」と思う人に会ったので、どうして嫌な感じがするのかと考えたら、その人がいばっていたからでした。いばっている感じがどうも鼻についたのです。

このように、人によって嫌だと感じる人、嫌だと思う部分は違います。**これらの「嫌なところ」というのは、実はその人自身のなかに資質としてある場合が多いのです。**

「わがままなところ」と答えた人は、その人自身のなかにわがままなところがあり、「嫌なことを言うところ」と答えた人は、その人自身に嫌なことを言ってしまう部分があるということです。私の場合なら、私のなかにいばっている部分がある、ということ。

つまり、自分が嫌だと思う人は、自分のなかにある潜在的な種を見せてくれているのです。その種とは、自分が抵抗しているもの、無意識の領域で「嫌だな」と思っている部分です。

自分が嫌だなと感じる人は、自分の嫌な部分を、鏡を向けるようにして見せてくれています。だからその人を嫌だと感じるのです。

では、そんな嫌な人と出会ったときは、どうすればよいでしょうか?

私は、**「この出会いによって、私はどんな地球学校のレッスンを受けているのだろう?」**と考えます。

そのレッスンとは、私の場合なら「いばっていること」が嫌だと感じるので、その反対の「謙虚とは何か」という内容のレッスンです。「わがままなところ」が嫌だと感じた人は、その反対の思いやりや協調性とは何かというレッスンになるでしょう。「嫌なことを言う」のが嫌だと感じた人は、その反対の心地よさとは何かというレッスンなのです。

自分が嫌だと思う人は、そのようなレッスン科目を与えてくれているわけです。

そして、自分が嫌だと感じる人と向き合ったとき、「ああ、いま、私はこういうレッスンを受けているのだな」とわかったら、もうこのレッスンは終わってしまっています。嫌な人も嫌な人でなくなるでしょう。

こう考えていくと、人もモノも出来事も、**あらゆることが自分自身への気づきの機会だと思えてきませんか？**

起こることすべて、波動が上がり、周波数が上がり、細やかで精緻な自分になるためのレッスンなのです。

私はこう考えて、どんな出来事にも抵抗せず、出来事に寄り添ってすべてパワーに変えちゃうぞ～！　と思い、暮らしています。

「この瞬間、いい気分で過ごす」ことを選ぶ
7つのポイント

☆いい気分を選択すると、夢の実現スピードが速まり、いい現実が現れやすい。

☆いい気分を選んだ上で、目の前にあることをひとつひとつやっていくとよい。

☆いい気分になるには、「〜せねばならぬ」「〜すべき」を減らすこと。

☆いい気分は大切だが、そこにい続けようと、とらわれすぎる必要もない。

☆落ち込んだときの魔法の言葉は「落ち込んでいますが、それが何か？」

☆人間関係を、地球学校のレッスンと考える。

☆あらゆる出来事は、気づきのチャンスである。

新たなる地平へ

起きて眠って　歩いて止まる
話して黙って　笑って怒る
拾って捨てて　握って離す
食べて飲んで　休んで動く

なにかをみて　なにかを感じ
なにかを知って　なにかを想う
だれかと繋がり　だれかと話し
だれかを愛し　だれかと別れる

行動すれば　いつだって
新しい地平が　ひらけてくる
動いた先には　なんであれ
新しい現実が　待っているよ

愛は　行動　ひたむきに
愛は　祈り　ひたすらに
動いて　わかる　真の顔
感じて　わかる　愛の中

歩いて　感じて　我に聴け
歓び　歌って　はじけゆけ

第6の知恵

「意図を放ち、行動する」ことを選ぶ

夢はオーダーするとかないやすい

ここまで、世界はひとつだけでなく同時に無数に存在すること、宇宙はいつも私たちの味方であること、「いま、ここ」には三六〇度の可能性が広がっていることなど、私たちが住むこの地球はあらゆる可能性に満ちていて、私たちはいつだって自分が望む未来を選べるのだ、ということを中心にお伝えしてきました。

ここでは、同じ「望む未来」でも、もう少し的を絞り、具体的な夢をかなえるために何をするべきかをお伝えしていきます。さて……。

あなたは三年後、どんな自分になっていたいですか？

あるいは三年後までに、どんな夢をかなえたいですか？

もし三年後の自分の状態をありありとイメージできるなら、どんな場所で、どんな服装をして、どんな人と一緒にいて、どんな会話をして、どんなことをしているか、などを妄想できるなら、夢への距離は、かなり近くなっているはず。実現への道はそう遠くはないでしょう。

なぜなら、**夢をかなえるためにまずやるべきことは、意図することだからです。**最初に「こうなりたい!」「こうしたい!」「ここへ行きたい!」「これが食べたい!」などの意図があってこそ、その思いはかないます。

夢がなかなかかなわない人は、この肝心の「意図すること」を忘れている場合が多いのです。

ときどき、「あぁ、今年の夏休みはどこか遠くへ行きたいな」「あぁ、何かおいしいものを食べたいな」などと言っている人がいますよね。こういう人は、けっきょくどこにも行かなかったり、食事もいつもどおりで終わる可能性が高いでしょう。

「よし、ハワイに行こう!」「じゃあ、焼き肉を食べよう」などと具体的に意図しないからです。

たとえレストランに入ったとしても、「何か食べたい」と思っているだけで、具体的な料理をオーダーしなければ、何も出てきませんね。夢もそれと同じで、まずはオーダーを出さなければ、かないようがないのです。

そこで、夢をかなえるための第一歩として、まずは意図します。
ほしい未来をありありと思い描きましょう。
あなたはそのとき、何をやっていますか?
あなたはそのとき、どんな服を着ていますか?
あなたはそのとき、どんな人たちに囲まれていますか?

さて、ここで思い描いた未来の世界というのは、私の考えでは実はすでにあるのです。先に、世界は同時に無数に存在するとお伝えしましたが、あなたが思い描いた未来の世界は、無数にある世界のうちのひとつなのです。
つまり、ほしい未来を意図するというのは、ほしいままの現実を選択すること、その世界を選ぶこと。**自分がほしい未来をありありと思い描いたら、その世界で生きると決めてしまいましょう。**

そしてしめくくりに、ぜひ次の言葉を声に出して言ってみてください。

「すべてはサクッとうまくいく」

言葉の力というのは、私たちが思っている以上に大きいんです。
言葉にすると肚《はら》が決まります。決まると、その世界に行きやすくなりますよ。

否定的なイメージは「心の消しゴム」で消す

ここで本当にありありと、ほしい未来をイメージできたら、かなり高い確率でその夢はかなうでしょう。

なぜなら、思いが現実をつくるからです。

夢がかなわないときというのは、否定的なイメージを抱いてしまっているときです。

ほしい未来を思い描いてみたものの「きっと無理だろうな」「夢に終わるのだろうな」などと思っているときです。

思いが現実をつくるので、「無理だろう」「夢に終わるだろう」という思いが、きちんと現実化されてしまうのです。

そこで大事なのが、夢を思い描くときに抱きがちな、否定的なイメージを消していくこと。

たとえば「作家になりたい」という夢には、「作家だけで経済的にやっていけるだろうか?」などのイメージがついてくるでしょうし、「自分の会社をつくりたい」という夢には、「きちんと利益を出し続けられるだろうか」などのイメージを描きがちです。

これらはある意味、しかたのないこと。でも夢の実現には、これらのマイナスイメージを消さなければなりません。

こんなとき私がやっているのが、「心の消しゴム」を使う方法です。

夢を抱きつつ、「無理かも」「むずかしそう……」などのマイナスの気持ちが湧いたら、それを灰色の雲に見立ててみます。そしてその雲を消しゴムでサッサッと消していきます。

消しながら、心のなかで「大丈夫だよ」「すべてはうまくいっているよ」「ありがとう」などの肯定的な言葉を言うのです。

いったん消しても、灰色の雲は再び出てくることもあるでしょう。そのたびに、サッサッと消します。

これを繰り返していくと、いつしか、台風一過の空のような、雲ひとつないクリアな青空が心に広がる感覚を得られるでしょう。そうなったときには、本当に自分が望む未来をありありとイメージできるはずです。

感謝の気持ちをこめて言葉にする

夢を意図することができたら、次はその内容を言葉にして宣言しましょう。

思いを実現させるためには、**その思いをできるだけ具体的なカタチにしていかなくてはなりません。**

海外旅行に行きたいと思うのなら、本屋さんに行ってガイドブックを買ってみる、旅行代理店でパンフレットをもらってくる、とりあえずパスポートを取得する、あるいはインターネットの検索で「海外旅行」と入れてみることなどが必要です。

とにかく、最初はどんな小さなことでもかまわないのでカタチにしてみるのです。

その本当の第一歩が、夢を言葉にすること。

「思い」をカタチにしたのが「言葉」です。

言葉にすることは、最初の行動なのです。

言葉にするときには**感謝の気持ちをこめて過去形で言い切るようにするのがポイントです。**

たとえば次のように言います。

「無事、〇〇の資格がとれました。ありがとうございます」

「おかげさまで、会社の売り上げが三〇パーセントアップしました。どうもありがとうございました」

感謝の気持ちをこめるのは、私のこれまでの経験上、**自分がこうありたいといったイメージは、「感謝力」が満ちたときに加速して現実化すると考えているからです。**

これは後ほどくわしくお伝えしますが、私は四〇歳の夏に脳卒中で倒れ、一時は半身不随になりました。しかしお医者さんが奇跡と呼ぶほどの回復を見せ、すっかり完治しました。

この回復のきっかけとなったのが、感謝の気持ちでした。

息子が登校拒否から立ち直ったきっかけも感謝の気持ちでした。

また、感謝力はダイエットにも効くんですよ。

あるときおなかや二の腕の脂肪が何とかならないかな、と考えました。**心の奥から出てきた答えは、「感謝をもって手放す」でした。**

そこで私はおなかをさすりながら、次のように言いました。

「おなかの脂肪さん、いままで憎んでいて本当にごめんなさい。あなたはいままで私のからだを守りたくて、ここにいてくれたのでしょう？　本当にありがとう。でももう大丈夫。あなたが守ってくださらなくても、もともとある腹筋さんたちががんばってくれるから大丈夫なの。あなたのお役は卒業よ、私は本来の姿へ戻るわ」

……こうしておなかまわりの脂肪さんたちに感謝の気持ちを伝えて手放したのです。

すると、みるみるスッキリとしたおなかまわりとなり、**何もしないで二か月後**

には八キロ減のダイエットに成功していました。

このほかにも感謝力に助けられたいくつもの経験があり、思いを実現させるためには、感謝の気持ちが不可欠と感じています。

過去形で語るのは「思いが現実をつくる」ためです。

「思い」とは、つねに「いま」の状態を表します。「○○したい」「○○○になりたい」の言い方は、いまはまだそうなっていないことを認めてしまう言い方なのです。

たとえば「お金持ちになりたい」の裏には、「いまはお金がないから」という状況が、「スリムになりたい」の裏には、「いまは太っているから」という状況があります。

つまり、「お金持ちになりたい」と言うことは、「お金がないんです」と言っていることと同じ、「スリムになりたい」と言うことは、「太っているんです」と言っていることと同じ。その「いまの思い」が現実化されてしまうのです。

そうではなく、イメージのなかでもそれがすでにかなっているような過去形で言い切ると、現実化が加速します。

私がよくやるのは、自分がほしい未来を言葉にして宣言したら、その未来の様子をありありとイメージして、さらに**その未来にいる人たちがいい気分になるイメージもします**。すると、夢の現実化の加速度がグンと上がるように思います。

さて、あなたはどんな夢を宣言しますか？

まずは「思い」を言葉というカタチにしてみてください。

無邪気に願い、行動する

夢を言葉にして宣言したら、次は「無邪気に願う」のが現実化のコツです。無邪気というのは、文字通り邪気がないということ。

素直に、あれこれ考えず、不安をもたず、明るく、強く、まっすぐなエネルギーをもって願ってください。

また、夢に執着しないようにするのも大事なポイントです。

「何が何でも〜になるぞ」「もう絶対〜を手に入れたい」などと、眉間に皺《しわ》を寄せ、力が入っているようでは執着です。

夢を具体的に意図することは大事ですが、執着したとたん、ネバネバした湿度が加わり、重みが出て、前に進みにくくなります。

この執着になりそうな心を放すコツが、いったん夢を忘れること。パッと手放すイメージです。

よく次のようなことを聞きませんか。

長い間「いい人に出会って、結婚したい」と願っていた人が、その願いを手放した瞬間、よき出会いがあったとか、そんな夢をもっていたことを忘れた頃に、突然かなったとか。

これは執着が消えて、ネバネバしたものがとれたことで、望みがスーッと天に届くのだと思います。

それでも執着してしまっているなと思うときには、「**執着していますけど、それが何か？**」と軽く言ってみましょう。すると執着から離れられます。「執着しないようにしよう」ともがけばもがくほど、実は余計に執着してしまうのです。

さて、無邪気に願った後は、具体的な行動にとりかかります。

夢を意図すること（＝思うこと）も、宣言することも、広い意味では行動ですが、思うだけより、口に出して言ったほうが、口に出して言うだけより、行動を伴ったほうが、確実にゴールに近づきます。

たとえば、あなたが「いつか作家になりたい」という夢をもっているとしたら、とにかく原稿を書き始めてみること、本を浴びるようにして読み語彙を増やすことなど、夢の現実化を加速させるための行動があります。

「海外旅行がしたい」と思うなら、パンフレットを集める、旅行会社に行く、あるいはお金を貯《た》める、などがありますね。

ところであなたは、何か新しい行動を起こすとき、起こす前にあれこれと考えるタイプでしょうか？　それとも、とにかくまず動くタイプでしょうか？

私は「まず動く」ようにしています。

なぜなら、あれこれ考えると、けっきょく悩んで、つい踏みとどまってしまうことが多いからです。

たとえば、いまの仕事が一段落したらやろう、お金が貯まったらやろう、あの人に聞いてみて一緒にやると言ったらやろうなどと、状況が整うのを待っていたら、チャンスを取り逃したり、自分の熱が冷めてしまうなどします。

だったら、まず動く。

動いているうちに、その選択が違うと思えばやめればいいし、やり方が違うと思ったら方法を変えればよいのです。**頭で考えているより、実際に行動を起こしたほうがずっと多くの気づきを得られるはずです。**

また、状況が整うのを待って行動しようとするとなかなか動き出せませんね。

それよりまず動いて行動を起こしてしまうと、自然と状況が整っていく場合が少なくありません。

まずは、行動をしましょう。

行動力が、進化の鍵です。

「意図を放ち、行動する」ことを選ぶ 7つのポイント

☆夢をかなえるためにまずやるべきことは、「意図する」ことである。

☆夢につきまとう否定的なイメージは、「心の消しゴム」で消すとよい。

☆夢を意図することができたら、次は言葉にして「宣言する」とよい。

☆言葉は過去形で言うと、現実化が加速される。

☆宣言したあとは、無邪気に願おう。子どものように。

☆行動とは、まず動くこと。違ったらやめてもいい。

☆行動力は進化の鍵である。

おかねのきもち

わたしが　どうして　生まれたか　知っている？
あのね　わたしは　みんなを　よろこばせたいの
うれしくて　たのしくて　ありがとうって　いわれたい

だから　ずーっと　暗いところばかりに　とじこめないで
たまには　旅をして　みんなに　笑顔　ふりまきたいよ
大好き　幸せ　ありがとうって　思ってくれたら　うれしいな

さらさら　ながれて　またもどる
ふえて　ながれて　めぐりゆく
よろこび　かがやく　光の軌道

きん　ぎん　くがに　大切なもの
あなたを　あらわす　タペストリー
つむぐ　模様は　光の軌跡
よこいと　たていと　あやなして
めぐり　めぐられ　つながりあう
わたしはおかね　めぐる愛の伝道師

第7の知恵

「感謝のためにお金を使う」ことを選ぶ

役に立つ使い方をすればお金は喜ぶ

お金持ちになりたい――。

大人になると、なかなかおおっぴらに口には出せませんが、多くの人が抱いている願望ではないでしょうか。

私は、お金やモノはあればあるほどよいとは思っていませんが、できれば、心と同じように、お金もモノも豊かなほうがいいと思っています。

世の中には清貧という言葉もありますが、この言葉の本質は、きっと「モノにとらわれるな」ということでしょう。

さて、ではどうすればお金持ちになれるのでしょうか？

そのひとつは、**お金の気持ちになってお金を使うことです**。自分がお金の立場だったら、どうやって使われるのがうれしいかをイメージしてみるのです。

私は、お金というのは意思をもつエネルギーだと考えています。

お金のいちばんの望みは、おそらくだれかの役に立つことではないでしょうか。だれかの笑顔を引き出したり、だれかの知識を増やしたり、だれかの空腹を満たしたり、だれかの病気を治したり……。

総じていえば、だれかのしあわせに役立つ使い方をされることが、きっとお金の本望でしょう。

ですから、つねに何かの役に立つ使い方をしてあげれば、お金は「この人はいつも自分を役立たせてくれるな、うれしい使い方をしてくれるな。またこの人のところに戻ってこよう」という気持ちになると思うのです。

だれかの役に立つ使い方というと、すぐに思い浮かぶのは寄付などかもしれません。被災地や恵まれない国、ＮＰＯ法人などへの寄付ももちろんよいでしょう。でも寄付という特別なカタチだけでなく、日常の使い方でもだれかや何かの役に立つお金の使い方はできます。

ふだんお金を使うとき、私たちは消費者と呼ばれることが多いのですが、私は単なる消費者ではなく、決定権がある能動的な「生活者」でありたいと思っています。

たとえばスーパーへ行って、お野菜を買うとしましょう。このとき、「とにかく一〇円でも安いものを見つけよう」という考えで買ったとしたら、それは単なる消費者です。

もちろん価格もチェックしますが、その前に「この野菜はからだが喜ぶ旬のものかな?」「この野菜は地球に優しいつくられ方をしているかな?」「この野菜の産地はどこかな?」などと考える。

そして、それらを総合的に判断して、生産者の方やここまで届けてくれた方たちに感謝の気持ちを返すものとして価格は見合っているか、とも考える。これが決定権のある能動的な生活者の買い物の仕方だと思うのです。

値段だけで買うか否かを決めるのでなく、自分が心地よく生活できるかどうかでモノを選び、自分の心とからだが喜ぶようなモノを買う。

食べ物に限らず、衣類や日用品においても、また外食するときのお店選びなども、消費者というよりは、**いきいき暮らすための「生活者」の視点でお金を払うのです**。それは世界をよくすることにつながります。

たとえばスーパーに、農薬をたっぷり使ったと思われる栽培方法でつくられたレモンと有機栽培でつくられたレモンの両方が並んでいたとしましょう。有機栽培のほうが値段は高くなっています。

このとき、あなたがもし有機栽培のレモンを選んで買ったとすると、**それは「私は有機栽培を応援しています」という意思の表明にもなるのです**。

そういう人たちが増えれば有機栽培はよりスタンダードになり、価格ももっと下がるでしょう。それは長い目で見れば、世界を心地よくすることにつながっていきます。子孫にうれしいと思ってもらえるような世界をつくることにつながるのです。

つまり、**お金は、能動的な生活者として使えば、それだけで世の中の役に立っているこことになる**。いまこの瞬間、すぐにできる、社会をよくする活動でもあるのです。

お金に好かれるには、お金を使うときの日々のこうした態度がとても大事です。

また、お金の気持ちになってお金そのものと接することも、忘れないでくださいね。

お金はやってきてくれるとしても、自分の元にいてくれるのは一時的なものです。その滞在期間中、お金になるべく気持ちよく過ごしてもらうために、お財布の中をきれいにしておくのは基本中の基本です。

お財布の中がレシートやカード類でパンパンに太っていませんか？ レシートの隙間に埋もれるようにお札が入っているなどしませんか？ お金さんが、いつでも居心地よく過ごせる空間をつくってあげましょう。

そして**自分のお財布にお金が入ってきたときには、「私のところへ来てくれてありがとう。あなたを喜ばすからね」という気持ちで迎えます。**

実際にだれかの役に立つ使い方をしてあげれば、お金は「うれしい使い方をしてくれてどうもありがとう。また戻ってくるね」という気持ちで旅立ってくれるでしょう。そしていつか必ず戻ってきてくれるはずです。

お金の「か」は、感謝の「か」

お金の「か」は、感謝の「か」であることを知っておくのも、お金持ちになる方法のひとつです。

私は、お金を使うという行為は、自分が何に感謝を表していくかということの意思表示でもあると考えています。

つまり、**お金を使うということは、自分の感謝の気持ちを流すこと。**

だれかに心をこめて「ありがとう」と言うと、「こちらこそありがとう」という言葉が返ってきたり、言葉にはならないとしても相手の温かい気持ちが伝わってくるなどしますね。

それと同じで、**感謝を乗せてお金を流すと、お金そのものが戻ってきたり、信用や信頼という別のカタチで戻ってきます。**

そしておそらく、この感謝の気持ちを乗せるというお金の使い方は、だれの心もいちばん喜ぶ方法なのではないでしょうか。

私がこう考えるようになったのには、あるきっかけがありました。

あるとき、たまたま臨時収入があり、このお金は何に使おうかと考えたのです。何に使ったら自分の心は喜ぶだろうかと、深く、深く考えました。友だちと旅行に行こうかな、新しい洋服を買おうかな、などといろいろ使い道の候補をあげましたが、どうもしっくりこない。

そして、ふと、実はずっと心の奥のほうで「**北海道に暮らす両親に何か送ってあげたい**」と思っていたことに気づきました。あぁ、心はさっきからずっと、両親の笑顔のために使いたいって考えていたな、これが私の心がいちばん喜ぶいまのお金の使い方なんだな、と。

私は、親はいちばん近い先祖、お墓に入っていない、ちゃんと触れられる先祖だと思っています。自分を生み育ててくれて、そしていくつになっても心配してくれる、本当にありがたい先祖さんだ、と。この先祖さんに感謝して、この先祖さんを喜ばせてあげることが、子どもとして生まれたいちばんの喜びだと思ったのです。

そして両親のためにお金を使って、両親が笑顔になっているところを想像したら、心がポカポカしてきて、いつのまにか涙がポロポロ溢《あふ》れてきました。

そうかあ、お金はこうやって（両親に限らず）だれかの笑顔のために、感謝をこめて使うのが私の真の喜びでもあったのか、と気づいたのです。それはきっとみなさんも同じでしょう。

以来、**積極的にお金は自分以外のだれかの笑顔のために使おう、と思うようになりました。**たとえば仲のよい友だちが最近疲れているなと思ったら、その友だちが喜ぶにはどうしたらいいかと考える。実際にやってみると、自分の心がとてもうれしがっているのがわかりました。

だから本当は自分のためにです。相手のためではなく、自分がうれしいから、自分ができるだけのことを勝手にやらせてもらうのです。

感謝をこめて相手が笑顔になるようなことをさせてもらう。でもそれが、結果的に相手も喜ぶし、自分もきっと喜ぶのです。

こういう生き方をすると、お金もモノもすごく回ることがわかりました。

季節ごとにみかんをいただいたり、ジャガイモが届くなどしました。そのモノには贈ってくれた人の気持ちも詰まっているので、再び相手を思いやることもできます。あれ、この人、いまちょっとさみしそうかもと感じたら、その人の笑顔を取り戻すために何かできないかな、とまた思います。

このように考えると、お金を使うという行為は自分の感謝を示すことだと思いませんか。

だから私は、お金を使うのがすごくうれしいのです。お金を使えば使うだけ、自分の感謝を流したことになるから。ちゃんと自分の感謝の気持ちを表現しましたよ、ということになるからです。

そもそも、私は豊かさというのはどれだけ感謝できるかということだと思っています。**いまあることや、人やモノや事に、感謝できるような気持ちをもっていると、人もモノも全部エネルギーなので絶対に寄ってきます。**だから本当に心が豊かになったときというのは、モノもついてくるんです。

さて、北海道に住む両親を笑顔にするために、私が両親に提案したのは車のプレゼントでした。

電話で両親に「車を買い替えたらどう?」と聞くと、間髪を入れず「あなたの家の車は何年乗っているの?」と聞かれました。年数を数えたら、我が家の車のほうが遥《はる》かに長い間乗っていたことに気づいたのです。

「うちの車を買う前に、まず自分の家の車を買いなさい」とたしなめられました。親というのはいくつになっても、子どものことをまずいちばんに考えてくれるのだな、とあらためて感謝したものです。

「お金持ち空間」の空気をお持ち帰りする

お金はエネルギー。よってエネルギーが高まっているところ、また上質なエネルギーのところに集まりやすい——。

お金に好かれるためにも、この大事な法則を知っておきましょう。

モノにもエネルギーの違いはあります。

たとえば愛情をこめてつくられた手料理はエネルギーの質も高さも上がりますが、ファーストフードは下がります。だから「ファーストフードが大好き！　いつもファーストフードを食べている！」というお金持ちはあまりいませんね。

少なくともファーストフードばかり食べていると、からだの血が汚れます。からだの血が汚れると、体内の水も汚れるでしょう。汚れた水は、汚れたものを付着させやすくなります。

出来事もモノも汚れたものが近づきやすくなるので、そこはエネルギーが枯渇します。お金もエネルギーなので、やはりそういうところには集まらないのです。

つまり、日々、波動が上がるような生活を心がけることが、お金に好かれる方法のひとつ、といえるでしょう。

でもだからといって、たとえば波動が低いファーストフードを絶対に食べないほうがいい、というわけではありません。

ファーストフードだけを食べ続けるのはおすすめしませんが、**たまに「あー、ファーストフードがすっごく食べたい！」と思ったら、楽しんでいただいてよいと思うのです。**

私は海外出張する機会が多いのですが、滞在期間中、あえて五つ星ホテルのような高級ホテルと、安く宿泊できるホテル両方に泊まって、滞在を楽しんでいます。

両方のホテルを比べると、利用する人たちの服装や会話の仕方などが見事に違います。設備やサービスにも差があって、安いホテルは、トイレがちゃんと汚いし、シャワーのお湯が出なかったり、携帯電話の充電ができないなど、さまざまなハプニングが起きます。どちらが気持ちよく過ごせるかといったら、やはり五つ星ホテルです。

では、なぜあえて高級ホテルと安いホテルの両方を利用するかといえば、どちらも楽しめる自分でいたいから。質の高いサービスを提供してくれるホテルではそれを享受し、一方で、ハプニングだらけのホテルでは、そのハプニングを楽しめるような自分でいたいと思っているのです。

高級ホテルと安いホテルを比べたら、きっとエネルギーの質も高さも高級ホテルのほうが勝るでしょう。

先ほど、「日々、波動が上がるような生活を心がけることは、お金に好かれる方法のひとつ」とお伝えしました。この観点で考えるならば、積極的に高級ホテルを利用したほうが自分のエネルギーの質も高さも上がるように感じるかもしれません。

もちろん、その「場」の力というものがあるので、エネルギーの高い場所に行くと自分もそこに引き上げられるし、逆に低いところに行ったら落ちやすくなります。

したがって、**自分のエネルギーを高めたいと思ったら、高級ホテルに泊まって、実際にその場の空気に触れることは効果があります。**

けれど、それは高級ホテルがよくて、安いホテルが悪い、ということではありません。高級ホテルには高級ホテルの特徴が、安いホテルには安いホテルの特徴があるだけ。ただそれだけなのです（ホテルに限らず、すべてにおいて安易によし悪しの判断をくださないことはとても重要です）。

そこを**何が何でも、「自分は高級ホテルでないとダメだ」となってしまうと、それはそれでまたエネルギーが下がることになりかねません。**

私は、人というのは、この世界で大きな愛を体現するために生まれてきた、みんなとつながりながらともに喜びの人生を歩むために生まれてきた、そのためにいろいろな体験をしているのだ、と考えています。

そう考えると、ホテルの例でいえば、「高級ホテルでないと絶対ダメだ」と決めてしまうのは何だかつまらなくありませんか?「こうでないとダメ」などと決めつけず、その場その場に合わせて臨機応変に楽しめたほうがいい。

また、「高級ホテルでないと絶対ダメ」と決めてしまうと、安いホテルしか泊まれなかったとき、あるいは思いがけないハプニングが起きたときなどにズーンと気持ちが落ちてしまうなどして、エネルギーも低迷してしまいます。

でも**どちらも楽しめる自分でいたら、ハプニングが起きても「これはこれで楽しいじゃん」と思える。**私はこういう状態を「融通無碍《ゆうずうむげ》」と呼んでいます。これは非常にエネルギーが高い状態なのです。

したがって、お金に好かれるためには、基本は波動が上がるような生活を心がけることが大事ですが、でも、だからといってそれだけにこだわらない。自分が出会う出来事やモノ、人は裁かず、柔軟に関わっていくことが大切です。

「お金持ちごっこ」をしてみる

子どもの頃、よく「ごっこ遊び」をしませんでしたか？　お姫様ごっこ、お母さんごっこ、お医者さんごっこ、学校ごっこ……。きっとお姫様ごっこのときにはお姫様に、ヒーローごっこのときはヒーローになりきっていたはずです。

この「ごっこ遊び」を、お金持ちヴァージョンで本気でやってみることも、お金に好かれるようになる方法のひとつです。

「お金持ちごっこ」は、「お金持ちになったらいいな」と思うのではなく、**いますでに自分がお金持ちになっているところをイメージします。**

そして、お金持ちになっている私は、どんなふるまいをして、どんな顔をして、どんな服を着て、何をしているだろう、などと考えるのです。

たとえば、よくこんなイメージのワークをします。

目の前に一〇〇万円の札束が入った封筒があるとイメージしてみてください。その封筒には次のように書かれています。

「全部、自由に使ってください」

自分だったら、どんな使い方をするか、紙に書き出してみるのです。ローンの支払いに充てるとか、貯金する、というのはナシ。すべて、自分が「ワクワクする」ことに使うとイメージしてみるのです。

高くて行けなかったエステに行ってみるのもよいでしょう。あこがれのレストランでフルコースを注文するのもよいでしょう。あるいは、親しい友人を集めて、パーティなども楽しいかもしれません。

リストができたら、そのなかからできるものは実行します。「えっ！　一〇〇万円もないよ～」などと思う必要はありません。**その何十分の一でもいいから、同じ行為をしてみるのです。**

すると、なんだか豊かでハッピーな気持ちになってきませんか？　実際に使ったものをイメージのなかで膨らませて、一〇〇万円を使い切ってみましょう。

そして、さらにこれには続きがあります。

一〇〇万円が入った袋は、毎日あなたの手元に届くのです。それらをすべて自分がワクワクすることに使うのです。

そんな暮らしを半年続けたら、あなたはどんな人になっているでしょうか？　どんな場所でどんな服を着て、どこで食事をして、どんな話題で盛り上がっていますか？

その感覚がワクワクとリアルに感じられたら、さらに自分にこう問いかけてみます。


「満たされた自分は、何がほしい？　何がしたい？」

……それが、「お金持ち感覚」です。

秘訣《ひけつ》は、すぐに行動できるものは、行動してしまうということ。まず行動して、先にお金持ちの状態をつくってしまうのです。

たとえば、お金持ちの人は安いチェーン店のコーヒーショップではなく、ホテルのラウンジなどでコーヒーを飲むだろうとイメージしたら、実際にホテルのラウンジに行ってコーヒーを飲んでみるのです。

そこには、ふだんからそのラウンジに行っている人たちの独特な空気がありま す。その空気を浴びに行くのです。

そして、**その空気をお持ち帰りするのです**。ふわふわっとした空気が全身を包むイメージです。それは空気の量子場を身にまとっていると考えてもよいでしょう。その量子場が次の量子場を呼んでくれます。

たとえば「お金ってどんどんまわしたら豊かになるよね」と思う人たちが実際に集まってくるのです。

それまでは「高級ホテルのラウンジでコーヒーなんて贅沢《ぜいたく》だよ」という人がい

たかもしれませんが、そういう人はいなくなるでしょう。それはイコール、「そんなの贅沢だよ」と言わせていた自分がそこにいない、ということ。すでにお金持ちの状態になった自分しかいないのです。

行動を起こすと、気持ちが変わります。行動を起こす前は、「お金持ちになるなんて無理」と思っていたかもしれませんが、行動後は「お金持ちになれそう」という思いのパーセンテージが上がります。

また、実際に行動を起こすと、意識の表面だけでなく、もっと意識の深いところにそのコマンドを送ることになるので、とても強力な武器になるのです。

ところで、私は何かモノを買うとき、いちばんほしいものを買うようにしています。

たとえばバッグを買うときなどに、本当はこっちのバッグがほしいけれど値段が高いからちょっと我慢してこっちのバッグにしよう、などと考えて、「二番目にほしいもの」で妥協してしまうことはありませんか?

でも**いつも「二番目」で妥協していると、いつまでも満足できません。**けっきょく次のものがほしくなってしまいます。

なので私は、つねに「いちばんほしいもの」を買うようにしています。**値段が高くても安くても、自分が心から本当にほしいと思ったものを選ぶのです。**そうすると、心から大好きなものに囲まれてしあわせになれるし、満たされているので「買いたい」「ほしい」という欲がなくなってきますよ。

「いま、満たされている」ことを感じる

あなたは、いまの自分の経済状況に満足していますか?

「もうこれで十分満足」と思っているでしょうか。それとも、「まあまあ、でももっと預金があったらな」と思っているでしょうか。

あるいは、「とにかくもっと、一円でも多くお金がほしい」と思っているかも

しれません。

ここで、学生時代のこと、あるいは社会人一年目か二年目の頃のことを思い出してみてください。

おそらく当時は、いまより収入も預金額も少なかったはずです。

でもそれなりに楽しく生活していませんでしたか？

「お金がないな」と思いつつも、お金がないなりに楽しめる場所や人を見つけて過ごしていませんでしたか？

食事も着るものも、お金がないなりに工夫して、その工夫や状況を楽しんでいたのではないでしょうか。

それは、その当時の自分がきちんと、その世界を肯定していたのです。

「お金がない。嫌だ、嫌だ」ではなく、「お金はないけれど、ないなりに何とかしよう」と、お金のない状況を肯定していた。「お金がないからダメ」などと否定していなかったのです。

つまり、**持っているお金や財産に関係なく、いまの自分の状況を肯定できれば、人はハッピーになれるのです。**

ではどうすれば、いまの自分の状況を肯定できるようになるのでしょうか。

それは、**いますでにあるものに目を向け、感謝すること。**

私たちはつい、ないものに目を向けがちです。

「ああ、もっとお金があれば」「ああ、もっと時間があれば」「家にもうひとつ部屋があれば」「英語が話せれば」「冬用のコートがもう一着あれば」……。

これをやめて、すでにあるものに目を向けてみます。

たとえば、お湯を沸《わ》かしてお茶を飲む場面を考えてみましょう。

やかんに入れる水は、水道の蛇口から簡単に出てきます。しかもきれいな水です。あらためて「ここにある」と考えると、ものすごい感謝の気持ちが湧いてきませんか？

もし水道がなかったら、川などに汲《く》みに行かなくてはなりません。濾過《ろか》もしなければならないし、運ばなければならない。

お湯を沸かす火も、ボタンひとつで簡単につきます。

お茶を飲む場所に屋根や壁があるから、雨や風、寒さ、暑さから守られています。

「すでにあるもの」に目を向けると、ああ、あれもある、これもある、こんなに満ちていると気づくでしょう。そしてそのひとつひとつに感謝してみてください。

お水がある、ありがとう。

火が簡単につく、ありがとう。

こうしておいしくお茶が飲めるのは健康だから。からださん、ありがとう。

この時間がもてるのは、家族が元気でいてくれるから。みんな、ありがとう。

いま落ち着いて過ごせるのは、明日行く会社があるから。ありがとう。

きっと数分前とは違う世界が見えるはずです。

心が本当に「こんなにも満たされている」と思えば、現実もそうなります。心のなかにあるものが現実をつくりだすからです。

「感謝のためにお金を使う」ことを選ぶ
7つのポイント

☆お金持ちになるコツは、お金の気持ちになってお金を使うことである。

☆消費者というより、「生活者」の視点でお金と向かい合おう。

☆お金をどこに費やすかは、社会をよくする活動とつながる。

☆お金の「か」は、感謝の「か」でもある。

☆豊かさというのは、どれだけ感謝できるかの能力でもある。

☆お金持ちごっこで、お金持ち感覚を身につけよう。

☆いますでにあるものに目を向け、満ち足りて生きることが大切である。

努力をするのも　いいけれど
ワクワクすると　もっといい
がんばるよりも　楽しむほうが
エナジーアップで　パワフルさ

陽の気満ちて　ほがらかに
ワクワク　らくらく　自分流
ニコニコ　わっしょい　皆ともに

めでたい　ことほぎ　おりてきた
めでたい　しちふく　まいおりた
あなたが　あらわす　たからぶね
さあ　いっしょに　となえてみよう

七福神祝詞

めぐりて　天龍　のぼりしは
花たちばな　におい香《か》の
あめつち　ひらけし　開びゃくに
いやさか　やさか　ひふみ世《ゆう》
めでた　めでたの　みろく世《ゆう》
天晴れ　天晴れ　えんやらや
天晴れ　天晴れ　えんやらや

第8の知恵

「努力よりワクワクで生きる」ことを選ぶ

人は喜ぶために生まれてきた

ここでひとつ質問をさせてください。

あなたは、自分が何をするためにこの世に生まれてきたと思いますか?

「私は~をするために生まれてきた」と自分の人生に強いミッションを感じている方もいるでしょう。一方で、自分は何をするために生まれてきたのかよくわからない、という方もいるかもしれません。

あなたはどちらですか?

どちらにしても、だれにでも共通している、「この世に生まれてきた目的」というものがあります。

それは、「喜ぶため」——。

人はだれでも喜ぶために生まれてきたのです。

私は、いのちの本質は喜びからできていると思っています。

寿命という言葉を大和言葉に直して書くと、寿《ことほ》ぐいのちです。

これは、寿いで、喜びながら生きるのがいのちなのだ、と考えてもよいのではないでしょうか。

つまり、歯を食いしばってがんばったり、苦労して生きるのではなく、喜んで生きることが、私たちのいのちがいちばんうれしがる生き方だと思うのです。

そして**喜びながら生きると、自然と自分の望む人生がやってきます。**ますます喜びに溢《あふ》れる生き方ができる、という好循環が生まれるのです。

このことを確信するきっかけとなったのが、四〇歳の夏に、脳卒中で倒れたときでした。

原因は過労でした。我が家は転勤族で、何年かごとに引っ越しをしなければなりませんでした。あるときは北海道から大阪へ、あるときは大阪から福岡へ、あるときは福岡から沖縄へ、という具合です。

脳卒中で倒れたのは、そんな引っ越しを目前に控えていたときでした。山積みになった荷物を整理している最中にぎっくり腰になり、病院へ駆けつけました。治療が終わってホッとし、トイレに行ったとたん、ふわーっと意識が遠のいて倒れてしまったのです。

病院のベッドで意識が戻ったときには、左半身が動かない状態になっていました。手足を動かそうと思っても、ぴくりともしません。

自分の置かれた状態がわかるにつれて、私の気持ちは非常に混乱しました。当時、三人の息子たちは、一四歳、一〇歳、七歳でした。

まだまだ育ちざかりの彼らに、今後私はちゃんとごはんをつくってあげられるのだろうか?

洗濯や掃除はどうやってやればいいのだろう?

そもそも買い物には行けるのだろうか?

仕事はどうなってしまうのだろう？

あの描きかけの絵の続きはできるだろうか？

先が見えない状態に不安や悲しみ、「どうして私がこんな目に……」という怒りなど、さまざまな否定的な感情が押し寄せてきました。


しかし、しばらくすると今度は申し訳ない気持ちでいっぱいになりました。

どうしてこんなことになったのだろう、と深く考えたのです。

その結果、それまで自分のからだをずいぶん酷使していたな、と気づいたのです。

それまでの私は、「よき母、よき妻」であろうとして、何事もがんばりすぎる傾向にありました。自分が考える完璧な母、完璧な妻をめざそうとすると、やるべきことはいくらでもありました。

つねに「今日中にこれをやらなければいけない」「いつまでにあれをやるべき」というものをたくさん抱えていて、いつも睡眠を削ってがんばっていました。

からだはとっくに悲鳴を上げていたはずなのに、それを無視していたのです。がんばるのはよいことです。でもからだのことを無視してまでがんばるのは、からだに対して失礼です。せっかく親からいただいた大事なからだを痛めつけているのですから。

それに気づいたときには、涙がポロポロこぼれていました。からだに対して申し訳ない気持ちでいっぱいで……。

そして迷惑をかけている家族にも、申し訳なくなりました。

「**お父さん、お母さん、ごめんなさい。ダンナさん、子どもたち、ごめんなさい。私のからださん、ごめんなさい**」と何度もつぶやきました。

ところがしばらくすると、からだの奥からほわっと温かいものが流れてきた感じがしました。

そしてまたしばらくすると、今度はからだの内側からドクドクと熱い思いが湧き上がってきました。全身が熱くなるほどの強い感情です。

それは、感謝でした。

生まれてきたこと、両親の娘でいること、夫と出会ったこと、子どもが生まれたこと、いま、ここに私がいること、生きていること……すべてが、ひたすらありがたく、たまらなくなりました。

そして両親、妹と弟、夫、子どもたち、友人などの顔を一人ひとり思い浮かべて、「ありがとう」とつぶやきました。また、これまでがんばってくれた私のからだにも……。

その翌日、奇跡が起きました。**朝が来て、ベッドで目が覚めると、それまでぴくりともしなかった左の手足が動くようになっていたのです。**

医者もこの変化に驚き、「これは奇跡です」と言いました。脳卒中は完治し、それからほどなくして退院となったのです。

病院の玄関を出て、外の空気を吸い、空を見上げた瞬間、からだの隅々から喜びが溢れました。思ったとおりに歩ける！　自分でごはんも食べられる！　絵も、字も、自由に書ける！

いままであたりまえと思っていたことすべてが、うれしくてたまりませんでした。

そしてこのときから、私は決心しました。

これからは、がんばるのではなく楽しもう――。

これからは、「～しなくてはならない」「～すべき」ではなく、もっと素直に心の奥の望みに従って、魂が喜ぶことをしよう――。

「後半の人生はお祭りにするぞ」

そう宣言したのです。

「喜んで生きる」と決めると、その後の私の人生は、本当に喜びに溢れたものになりました。

自分の心がワクワクするほうを選ぶ

先ほど、私たちはだれでも喜ぶために生まれてきた、とお伝えしました。

歯を食いしばってがんばったり、苦労して成し遂げるのではなく、喜んで生きることが私たちのいのちにとって、うれしい生き方だと。

では、喜んで生きるには、具体的にはどうしたらよいのでしょうか？

それは、つねにワクワクを選べばいいのです。

たとえば仕事先を選ぶとき、あなたは何を基準にしますか？

仕事の内容、給与や勤務時間などの労働条件、働く場所、会社の知名度、人気度などさまざまな基準があるでしょう。これらを総合して判断する、という方もいるかもしれません。

でも本当に喜んで生きようとするなら、いちばんに考えたいのは「**その仕事は自分の心がワクワクすることか？**」です。

正社員ともなれば、一日の大半は仕事に費やされることになります。

だとしたら、「この仕事は楽しい！」「この仕事ができてうれしい！」と心から思える仕事を選んだほうがいいと思いませんか？

こんなに楽しい上に、お給料までもらえるとは何てしあわせ、というところまで思えたら最高ですね。

一日のなかにできるだけワクワクする時間を設ける、というのも喜んで生きる方法のひとつです。

たとえば、急に三〇分間の自由時間を与えられたら、あなたは何をしますか？

仕事に追われている人だったら、「この間に仕事をひとつ片づけてしまおう」などと思うかもしれません。

忙しすぎて疲れている人は、ぼんやりテレビを見たり、スマートフォンを操作して終わってしまうかもしれません。

主婦だったら、「いまのうちにお風呂のそうじをしよう」「子どもの服のとれたボタンをつけておこう」などと思って、ついそれをやってしまうかもしれません。

そうなのです。案外私たちは、日々、心がワクワクすることができていないんですね。子どものように、心から「楽しい！」と思う行動をなかなかとれないのです。

私がかつて、たくさんの「〜しなくてはならない」「〜すべき」に縛られていたように。

でもそれはある意味でしかたがないともいえます。私たちの意識の構造がそうさせやすくできている、ともいえます。

本当の心の声に耳を傾けよう

ここで、私たちの意識がどうなっているのか、その構造を見てみましょう。

私たちの意識は、「顕在意識」「潜在意識」「超意識」の三層から成っています。

もっとも外側にある顕在意識は、思考、感情、感覚、信念（自分が信じている念）でできている部分で、別名「エゴセルフ」といいます。

私たちがふだん、意識できているのはこの顕在意識のみなので、いまの私たちのほとんどは、この顕在意識だけが自分のすべてだと思っています。

しかし実際は、表面の意識に上がってこない潜在意識という領域があります。具体的には、もう忘れてしまった、生まれてから現在までの記憶、生まれる前の記憶、そして宇宙の始まりからいまに至るまでといった、巨大図書館のメモリーチップのような意識です。

さらにこの潜在意識の奥底に行くと、精妙な、そして神聖な超意識があります。この超意識は、私たちにいちばん影響力がある、大切な部分です。

私たちの真の思い、ハートの内なる声というのはここにあります。けれど、つねに意識できる顕在意識にさえぎられてしまう場合が多いのです。

しかも、顕在意識には無数の信念が蓄積されています。

それは親や学校の先生から教わったこと、あるいは世間の大半の人が「正しい」と思っている常識などで、**「〜すべき」「〜しなくてはならない」などの考えです。**

ここまでにもいくつか出てきましたね。たとえば「子どもは学校に毎日行かなくてはいけない」「中学校で部活に入ったら、三年間はがんばるべき」など。常にそれが正しいというわけではなく、絶対の正解というわけでもないのに、私たちはこれらの信念にがんじがらめになっているのです。

そして真の心の声、ハートの声が聞こえなくなってしまっているのです。

「ワクワク」に素直に従えばうまくいく

でもいつでも、真の心の声は、あなたにメッセージを送っています。それが「ワクワク」です。

たとえば、「今度の休みは旅行に行きたいな」「久しぶりにあの人と会いたいな」などと考えてワクワクすることがありますね。

日常のささやかな場面でも、「今日は部屋を片づけて、隅々まできれいにしよう!」「あの映画を観たいな」「あの新刊を読みたい」「新しくできたレストランに行きたい」など、小さなワクワクはたくさん転がっています。

このようなワクワクする感じ、ときめき、喜びは、心の奥(超意識)からのダイレクトメールなのです。そして同時に、あなたの心の処方箋であり、人生のレシピでもあるのです。

そう、このワクワクに素直に従っていけばうまくいきますよ、というものなのです。

だから信念にとらわれることなく(世間体やみんながそう言っているからといった意見に振り回されずに)、心が感じるワクワク、ときめき、喜びを大事にする。どう行動するのが心地よいのかは、頭でなくハートで決める。ハートで行動する——。

これが喜んで生きるということです。

さて、夢をかなえようとするときにも、努力よりワクワクのほうが実現度が増します。

夢をかなえるには多少なりとも努力が必要、と思っている方は多いかもしれません。

でも**努力というエネルギーは我が入るので、実はジャンプには向かない。**努力では量子的な飛躍ができないのです。

でも「ワクワク」は、その人の固有振動を変えます。ワクワクは、どれだけ自分のハートに寄り添って喜んでいるか、抵抗するのではなく、流されるのでもなく、どれだけ気持ちよく過ごせているかのバロメーターにもなります。

固有振動が変われば（＝波動が高まれば）、夢がかなった世界へシフトしやすくなります。ワクワクするときというのは、パン、パンッと新しい現実が現れやすくなるのです。

つまり、**夢というのはあっさりかなっちゃうんですね。努力ではないんです。**

そして「あっさりかなう」と決めたときに、パンッとあっさり変わることを私はこれまでたくさん体験してきました。

だからまずは「夢はあっさりかなう」と決めてしまいましょう。
決めるためには、言葉にして声に出して言うのが近道です。
「夢はあっさりかなっちゃいまーす！」と。

「努力よりワクワクで生きる」ことを選ぶ
7つのポイント

☆人は喜ぶために生まれてきた。喜びながら生きよう。

☆喜んで生きるには、ワクワクを選べばいい。

☆ハートの内なる声に従おう。

☆ワクワクやときめきは、超意識からのダイレクトメール。

☆努力より、ワクワクを選んだほうが夢の実現速度が増す。

☆夢はあっさりかなう、と「決めて」しまうとよい。

☆言葉に出して宣言してみよう。「夢はあっさりかなっちゃいまーす!」と。

天の配剤

その一瞬と　ひとつになる
その行動と　ひとつになる
ただ　それだけを　想い
それだけを　見て
それだけに　心をこめて　する

そうすると　すべてのときが
贈りものとなる
ドアを　あけるのも
お茶を　飲むのも
誰かと　おしゃべりするのも
あらゆるものが
天の配剤であることを　しる

そうなのだ
たとえ私が　見放そうとも
天は　ひと時たりとも
見放したことなど　なかった
私が　そう思ったのは
私の眼に　曇りがあったせいなのだ

心に　いつも　おひさまを
優しさ　こめて　愛　こめて
出逢う　すべてに　ありがとう
いまここ　すべて　ありがとう

第9の知恵

「目の前のことに愛をこめる」ことを選ぶ

言葉も思いも行動も、愛をもってする

たとえば玄関のドアを閉めるとき、あなたは最後までドアのノブに手を添えて静かに閉めていますか？

駅の自動改札を通るとき、定期券やカードをやさしく機械にかざしていますか？　お店での支払い時、受け取ったお釣りのお札はきれいに揃《そろ》えてお財布に入れていますか？

家に帰ってきて靴を脱いだ後、靴をきちんと揃えていますか？

たとえば**このような日常の所作がていねいにできている人は、自分が望む未来を手に入れやすいといえます。**

なぜなら、そういう人はよいエネルギーを放っているからです。

ここまで何度かお伝えしてきましたが、自分が放つエネルギーの質や高さによ

って、次に現れる現実は変わってきます。

たとえばだれかに不満を言うとき、いきなり「この野郎！」と言えば、「お前こそ何だ、この野郎！」と返ってくる可能性は高まります。そこを「いつもどうもありがとう。ところでね……」と切り出せば、相手は「何だ、この野郎！」とは返してこないでしょう。

質が悪く、低いエネルギーを放っていれば、それ相応の現実が現れるし、質がよく、高さもあるエネルギーを放っていれば、現実もよいものが現れるのです。


ところで、所作という言葉は、仏教の教えでは「身《しん》・口《く》・意《い》の三つのはたらきが現れること」とされています。これは、所作とは身のこなしやふるまいだけでなく、言葉遣いや心のもちようまで含まれる、ということでしょう。

では、所作をていねいにするとはどういうことでしょうか。

私は、それは「**つねに目の前のことに愛をこめる**」ことだと思っています。愛をもって行動し、愛をもって言葉を語り、愛をもって思うのです。

たとえばお茶を飲むという行動を愛をもってするなら、お茶の入った湯呑《ゆの》みをていねいに持ち、その味をじっくり味わうでしょう。飲んだら、湯呑みは静かに戻しますね。

もし愛がこもっていなかったら、手荒く湯呑みを持ち上げ、ズズズッとするようにして飲み、湯呑みはテーブルにガチャンと置きかねません。

そう、愛をもって行動すれば、そんなおかしなことはしないのです。愛をもって語れば、自然とていねいな言葉遣いになるはずです。**愛をもって思えば、人は自然とやさしくなれるでしょう。**

「愛をもった行動、言葉遣い、思い」の対象は人だけとは限りません。

たとえば私は、自宅のソファなどにときどき声をかけます。

「いつもくつろがせてくれてありがとう。今日もいまからここに座るよ。気持ちよく座らせてね」などと言いながら、座る部分をやさしく撫《な》でます。

するととても気持ちのよい座り心地になるのです（これはどなたでも体感でき

るので、ぜひご自宅のソファや椅子などで試してみてください）。

また、台所で野菜を切るときには、野菜に声をかけます。

「大根さん、うちに来てくれてありがとう。あなたの恵みを役立たせていただきます」などと心のなかで言いながら切ります。こうすると、野菜がスパスパきれいに切れてくれるから不思議です。そして、こうやって素材に感謝しながら料理をつくると、いつもと同じようにつくっても、とってもおいしく出来上がるのです。

ちなみに、「愛」と「愛情」は、似ているようで違います。

愛情というのはそこに我が入るのでベタベタした感じになってしまいます。どこかで見返りを期待しているのです。相手を自分の思い通りにしようなどとします。

愛はそれとは違います。もう与えっぱなし、という感覚なのです。与えているという感覚すらない。そんな愛を向けるように心がけていきたいものですね。

共通の思いに目を向けたとき、対立は超えられる

たとえば自分とは意見が真っ向から異なる人、考え方や価値観がまったく違う人。こういう相手には、愛をもった行動・言葉遣いをすること、愛をもった思いをかけることはなかなかむずかしいかもしれません。

でもそういう人に対してこそ、本当は愛をこめた態度が必要です。そうでないと、ますます溝は深まるばかりです。

先日、街頭で「戦争、絶対反対!」とシュプレヒコールしている人たちがいました。最近、とくに若い人たちが政治を自分の問題としてとらえ、自分の考えを表明するようになってきたのは、とてもすばらしい変化だと思っています。

そして彼らは、次のように続けました。

「戦争、絶対反対!　この法案を成立させないために、私たちは断固として戦います!」

競争や戦いは私も嫌いですし、彼らの考えには共感できる部分もたくさんありました。ところがこの言葉を聞いたとき、「あれ?」と違和感を覚えました。

戦争に反対している彼らが、戦うの?

私たちは自分と意見や考え方が異なる相手を敵、同じなら味方、と考えがちです。そして戦っていこうとする。何としても自分の意見や考えを通したい、と思いがちです。

でもこれでは、いつまでも戦いは終わりませんね。

では、どうすればよいのでしょうか。

ひとつの解決方法は「共通の思い」を探すことだ、と私は思っています。

たとえば世界にはさまざまな国があって、宗教、文化、習慣、常識もそれぞれ異なります。考え方や価値観もさまざまでしょう。でもどんなに違いがあっても、それぞれの国が今後のしあわせを希求していること、そこに住む人たちはよりよく生きたいという思いを抱いていることは共通しているのではないでしょうか。

ただ、その目的に向かう手法が違うだけなのです。

これは単に「違う」というだけのこと。どちらがよい、どちらが悪い、ということではありません。

大切なのは、この違いを認めて、「こちらが正しくて、こちらが間違っている」などの判断をくださないこと。「ああ、違うな」と、お互いの尊厳をもとにそれぞれの違いを認めていく。違っても戦わない。

「ああ、違うのだな」と知った上で、「でも目的は共通しているよね」と目的を確認しつつ、お互いのちょうどいいところを、お互いに尊敬しながら模索していくことが大事でしょう。

昔の人は、これを「和」と言いました。

聖徳太子の「和を以て貴《とうと》しとなす」という言葉は有名ですね。この言葉は、企業などの組織ではとくに「何より和が大事、だから個人の主張をしすぎてはいけない、和を尊重しなさい」などというようにとられることが多いでしょう。

しかし、聖徳太子が言わんとしたことはこれとは少し違うようです。聖徳太子が活躍していた時代は、大陸から多くの人が入ってきて、いわゆる国際社会だったといいます。

おそらくさまざまな風習や考え方が入り乱れていたでしょう。そんななかで、聖徳太子は、単純に「手をつなぎましょう」と言ったのではなく、「それぞれの風習や考え方があるなかで、**お互いを認め、違いも認め、よりよきものをつくっていきましょう**。平和という大きな志を掲げていきましょう」というメッセージを伝えようとしたのだと思います。

私たちは、いまこそもう一度、この聖徳太子の言葉を深く受け止めるべきなのではないでしょうか。

正しいかどうかより、美しいかどうか

先ほど、自分の考えや価値観と対立する人にこそ、愛をこめた対応が必要だとお伝えしました。

とはいっても、実際にはそうすることがむずかしい場面もあります。

たとえば「嘘《うそ》は絶対つくべきではない」と考えている人は、「ときには嘘もやむなし」と堂々と言ってしまう人に対して、どこか嫌悪感を覚えるかもしれません。私とあの人は考え方が違うな、と対立関係をつくってしまうでしょう。

対立関係ができてしまうのは、つねに自分が正しいと信じているからです。自分は正しい、相手は正しくないと考えると、簡単に対立関係ができてしまうのです。

そんなときは、正しいかどうかでなく、「美しいかどうか」で判断すればよいのです。

たとえば、「嘘をつくのは正しくないからやめるべき」と考えるのではなく、「嘘をつくのは美しくないからやめよう」と考える。

あるいは、道路にゴミを捨てるのは美しくないからやめよう、汚い言葉遣いは美しくないからやめよう、などと考えるのです。

正しいかどうかで判断すると、正しくない人をつい責めたくなります。さらに自分の優位性も示したくなります。

それはけっきょく、対立を生むことになります。たとえ自分の主張が正しかったとしても、自らの波動を落とすことになるのです。

正しいかどうかではなく、美しいかどうかで考える。美しいかどうかで考えると、対立するものが生まれにくくなります。

この考えは、あえて私がここで紹介するまでもなく、昔から日本人がもっているものともいえます。

「躾《しつけ》」という字は、身が美しいと書きますね。

ごはんを食べるときには姿勢をよくしなさい、言葉遣いはていねいにしなさい、あいさつをきちんとしなさいなど、私たちは親や先生からたくさんの躾をされてきました。

よくよく考えると、躾の多くは美しさにつながっています。身のこなし、言葉遣い、考え方が美しくなるように、という思いがこめられているように感じます。

また武士が自分の死に様にこだわったように、日本人の美意識はもともとかなり高いといえるでしょう。

ここでもう一度、昔からの日本人の美意識を取り戻す。「正しいかどうか」ではなく、「美しいかどうか」で考える。

これが相手を責めない（＝自分の優位性を示そうとしない）ポイントのひとつではないでしょうか。

いのちとは、どれだけ愛を放ったか

つねに目の前のことに愛をこめること、愛をもって行動し、愛をもって言葉を語り、愛をもって思うことが次のよい現実をつくりだすのだ、とここまでお伝えしてきました。

もし神様がいるとしたら、この壮大な宇宙をつくった大いなる存在というべき

ものがいるとしたら、私たちはつねに次のように問われている、と私は考えています。それは、

「あなたは愛を放っていますか？」

私たちのいのち、動物や植物などこの世の生きとし生けるもの、また家や車、机などの物質も含めて、万物はもともとひとつにつながっていた、とされています。非局在性の無限にして一なる世界です。

この世界の資質は何かといえば、それは愛なんですね。

つまり、宇宙は愛の海なのです。

海や川を泳ぐ魚たちは、自分が水の中にいるとは気づいていないでしょう。それぐらい水が当たり前の存在になっています。

実は私たちもそれと同じで、ふだんは愛の存在を忘れがちです。でも実際は愛に溢《あふ》れている。愛に包まれている。

そうなのです、**私たちは愛から生まれ、愛に生き、愛に還《かえ》っていく存在なのです。**

だから、つねに目の前のことに愛をこめるというのは、次のよい現実をつくりだすということももちろんありますが、それ以前に、私たちが生きていく上で与えられた課題ともいえるのです。

このことを再確認させられたことが最近ありました。

それは沖縄へ行ったときのことです。

以前から知り合いだった女性に久しぶりに会うと、その少し前に畑でハブに咬《か》まれてしまったというのです。ハブは種類によっては毒が弱いものもありますが、なかには強烈な毒をもつものもあります。彼女を咬んだハブはたまたま強い毒をもつ種類で、彼女の左手は壊死《えし》していました。

驚異的な回復力で、彼女の手の状態はよい方向に向かっていましたが、一時は毒のせいで生死の境をさまよったといいます。

その体験のなかで、彼女はそれまでに会ったことのない、とても慈愛に満ちた大きな存在と会ったそうです。そして、こう聞かれた。

「どれだけ人を愛しましたか？」――。

その瞬間、彼女は「私はまだ愛し足りていない」と思った。すると、フッと意識が戻ったといいます。

彼女の人生観は、それからガラリと変わりました。

それまでの彼女は、お子さんのため、ご主人のためにすごくがんばるタイプだったのだそうです。つまりは、自分以外のだれかのためにがんばる人生だった。

それを「まず自分」という軸に変えた。**まずは自分自身が笑って生きられることをきちんと選択するようにしたのだそうです。**そして日々を愛《いと》おしいと思えるように、まずは自分を、次に家族を、そして人だけでなくあらゆるものを愛しながら生きる、と決めたといいます。

彼女は感覚のなくなった左手を、私の手にそっと乗せて、「私の左手は、いっさい何も感じないんですよ。感覚がないんです」と言いました。

そして彼女は、こう続けました。

「感覚がなくなって初めてわかりました。生きるというのは触れること、温かいって感じること、ああ、ここにいるなとわかることでもあるなって。それは、ここにいるだけで、それだけで完璧な贈り物だとわかるということ。何をするとかしないとか関係なく、存在そのものが贈り物だ、と心から感じること。だから生きている間に、大好きな人をいっぱい抱きしめたり、抱きしめられたりしてね、それをいっぱい楽しんでね」と。

彼女の言葉を聞きながら、私はポロポロ涙がこぼれました。

そして、**「それぞれの生を通して、私たちはどれだけ愛を放ったか」**は、私たちに与えられた共通のテーマなのだとあらためて感じたのです。

息子が生まれる前に言われたひと言

愛について考えるとき、私はよく息子の言葉を思い出します。三人の息子のうち、ひとりにはいわゆる胎内記憶がありました。

息子は、幼稚園に上がる前に、**「お母さんを選んで生まれてきたんだよ」**とハッキリ言いました。

そして、おっぱいがほしくておなかに入ったのになくて困ったのだそうです。するど、白い大きな人が出てきて「トキガミチルマデ、マチナサイ」と言ったといいます。

時が満ちたとき、彼は狭い穴が見えたので、からだをくねらしながらそこに入ったらしいのですが、出る直前にこわくなって立ち止まってしまった。すると再び白い人が現れて、

「この世界を愛でいっぱいにしなさい。みんなそうやっていくんだよ」

と言い、手に持っていたタマのようなものを、息子のハートに入れてくれたのだそうです。

このときの様子を、彼は次のように言いました。

「ぼくは、勇気りんりんのアンパンマンになって外へ飛び出したら、すごくまぶ

しくてびっくりした。そしたら、目の前にメガネのおじさんと太ったおばさんがいて、じろじろ見てたから、すごく嫌だったんだよ」

メガネのおじさんと太ったおばさんというのは、おそらく出産のときにいたお医者さんと助産師さんです。

このエピソードを、息子が中学生になったときに伝えると、彼は「そんな非科学的なことは、僕は信じないよ」と即答していましたが。

でも息子の言葉を思い出すたび、「私たちは、この世界を愛でいっぱいにするために生まれてきたんだなぁ」とあらためて思うのです。

「目の前のことに愛をこめる」ことを選ぶ
7つのポイント

☆自分が放つエネルギーの質や高さで、次に現れる現実が決定づけられる。

☆目の前のことに愛をこめる。愛をもって行動し、語り、思う。

☆愛と愛情は似て非なるもの。愛情は見返りを求めるが、愛は求めない。

☆人と考えが違うときは、共通の思いを抱いている部分にフォーカスするとよい。

☆困ったときは、正しいかどうかより、美しいかどうかでみていくとよい。

☆人は、愛から生まれ、愛に生き、愛に還っていく存在である。

☆それぞれの生を通して、どれだけ愛を放ったかが人生の重要課題である。

声聴くからだ

つかれたね　やすもうよ
いやまだまだ　がんばれる
むりしないで　いいかげん
もうそろそろ　いいんじゃない？

からだは　正直　嘘つけない
こころは　不正直　嘘つける
心はからだ　からだは心
からだの声に　耳すまそう
こころの叫びに　耳すまそう

からだは　あなたが　大好きです
あなたの　ねがい　受け止めて
なんでも　いうこと　聞いてきた
だから　たまには　いうこと聞いて

本音のひびきで　なりひびく
わたしのからだは　聖なる器
いのちをやしなう　聖杯だ
満たして　歩け　かろやかに
いのちのリズムで　いきようよ

第10の知恵

「からだの感覚に忠実になる」ことを選ぶ

迷ったときはからだの声に耳を傾ける

私たちの人生、そして日々は選択の連続といえますね。

どちらに進みたいのか？
どう行動したいのか？
どこにフォーカスしたいのか？
何をするのか？
何を食べるのか？
やめるか、続けるか？
行くか、行くまいか？

……私たちがよりよく生きるために、日々、何を選択していくかということは、とても大事です。

でもときに、何を選べばよいか迷うこともあるでしょう。

そんなときは、からだの声がひとつのバロメーターになります。からだはいのちのメッセンジャーとなる場合が少なくないのです。


私自身の例でいうと、先日、急に目眩《めまい》がして歩けなくなってしまったことがありました。

その日は、友人たちとランチを食べる約束をしていました。しかしその数日前から仕事が忙しくなってしまい、できることならこの日は仕事に時間を使いたいなと思っていたのです。「でも約束をしてしまったしな」とも思っていました。

そして当日の朝、起きて「さあ、行く準備をしよう」と思ったとたんに、目眩がして歩けなくなってしまいました。なんとかがんばって歩こうとしても、からだが斜めになってしまうのです。

友人に電話をし、体調が悪いので今日は欠席させてもらう旨を伝えました。しかし、しばらく横になると目眩がおさまり、ちょっとがんばれば行けそうな気もしてきました。キャンセルの電話を入れたものの、一度した約束を破るのは申し訳ないという思いもあり、再び出かける準備をすることにしたのです。

ところが、準備の前にお茶を飲もうとキッチンに立つと、今度はいきなり家の火災報知器が鳴り出しました。まだガスの火はつけていないし、ほかに火の気があるところは家の中にはないので不思議です。あわてて火災報知器の解除操作をしました。

そのとき私が住んでいたマンションは、各戸の火災報知器が作動すると、管理人室にもその情報が届くようになっていました。いまの火災報知器の作動は何かの間違いだったと管理人室に伝えにいくと、管理人さんが不思議そうな顔をして、「火災報知器？　こちらに鳴ったという情報は来ていませんよ」と言うのです。

なんとも不思議な体験でした。たしかに私の耳には聞こえたのに……。

そして思ったのです。**「これは、今日は無理して行かないほうがいい」という、からだの奥から発せられたメッセージだったのだ、**と。

ふだんの私はこうした「からださんの声」を優先しています。たとえば、からだがだるいと感じたら、「だるいって、からださんがちゃんと信号を出してくれているな、これは休みなさいということだな」と受け取って、早めに仕事を切り上げたり、いつもより早く寝るなどします。

ところが目眩が起きたときというのは、その「からださんの声」を無視したのも同然でした。目眩というサインを無視して、再び出かけようとしたのですから。でもやはり行かないほうがいいというからだの叫びが、私に火災報知器の音を聞かせたのかもしれません。

このときあらためて、ああ、やはりからだの声はしっかり聞かないと、と思ったのでした。

そうはいっても多少は無理をしなくてはいけない、という場合もありますね。どうしてもその日にやらなければならない仕事があったり、どうしてもその日に会いたい人がいる場合などがあるでしょう。

そんなときは、からださんに次のようにお願いします。

「ああ、今日は調子悪いよね。わかっているんだけれど、でも私は、今日のところはみんなと喜びを分かち合うほうを選択したいの。だからよろしくね」

こういうと、からだが「うん、わかった」と言ってくれる感じになり、調子が悪いということも忘れてしまいます。喜びのほうを選択しきったら、調子の悪さそのものが消える場合もあります。

でも一時的にからだががんばってくれているだけのときもあり、そういうときは用事が済むと、またちゃんと調子が悪くなるんですね。

そういうときは、「ああ、もう本当にがんばってくれてありがとう」とからださんに感謝します。そして爆睡したり、マッサージしてもらうなどして、がんばってくれたからださんに対して、何か具体的なアクションを起こします。

つまり、**からだとの対話をはかるのです**。

日々、何かの選択で迷ったとき、ぜひからだに聞いてみてください。

宇宙を信頼しているから方向転換できる

少し前のこと、離れて暮らす息子のひとりから電話がかかってきました。

仕事でストレスが溜《た》まり、左耳が難聴になってしまったというのです。当時、私は東京に住んでいて、息子は大阪に住んでいました。電話の声はさほど深刻そうには聞こえませんでしたが、とにかく一度息子の顔を直接見てみようと思い、大阪に向かいました。

息子に会うなり、私は「**わあ、ひどい顔しているね!**」と言ってしまいました。

息子の顔がストレスのせいで、歪《ゆが》んでいたのです。

息子は学校を卒業後、希望の職種だった旅行会社に就職し、意気揚々と勤め始めたのはよかったのですが、実際始まってみると想像した以上の激務で、毎日早朝から深夜二時、三時まで勤務が続く状態だったのです。

彼がストレスから難聴になったのは、入社してから半年たった頃でした。

彼の歪んだ顔を見て、私は言いました。

「その顔はね、もう仕事を辞めなさいっていうサインだよ。早く辞めたほうがいいよ」

すると、「え？　でもこういう場合って『石の上にも三年』っていって、辛抱しなくちゃいけないものなんじゃないの？」と息子。あっさり「辞めたほうがいい」という私の言葉に驚いていました。

こういうとき、たいていは心よりからだのほうが早く反応します。なので、息子に「もっとがんばれ」とは言えませんでした。その代わり、次のように言いました。

「君には次があるよ。さあ、次は何をする？　人生選び放題のバイキングだよ。次、どんな人生を選びたい？」

このように、日々の小さな選択だけでなく、大きな選択の際にもからだからのメッセージは非常に重要です。

こんなとき、「これがもし自分の子どもだったら、もう少しがんばりなさいと言ってしまいそう」という声もよく聞きます。

私が明るく息子に「次は何を選ぶの？」と聞けたのは、おそらく、「**宇宙は絶対息子を潰さない**」と確信しているからでしょう。

宇宙はいつも必要・必然・ベストなことしか起こさないし、あらゆることはすべてよくなるために起こっているし、それは必ずよりすばらしい、その人が望む次のステージへのステップだと決めているからです。

だから、このときの息子の、旅行会社での苦労も、入社して半年で辞めるという事態も、最高であり最善なこと、と考えていました。

からだは心の方向を指し示すセンサー

また、私は「不協和音も和音のひとつ」と思っています。

和音のなかには、たとえば「ド」と「ミ」と「ソ」を同時に弾くと出るようなきれいに調和したものと、「ラ」と「ド」と「ファのシャープ」を同時に弾くと出るような不協和音と呼ばれるものがあります。

不協和音は、それのみで聞くとどこか不安気だったり、違和感があります。でもその不協和音が入るからこそ、曲に深みや美しさが生まれる場合もあります。

それは人も同じでしょう。**人生における「不協和音」とも呼べる体験を経ることは、その人の深みになるし、また他者への共感や思いやりにもつながると思うのです。**

息子の歪んだ顔を見つめながら、若いうちから大変な目にあってかわいそうだなと思いつつ、これもきっと彼のためだなと思ったのでした。

そしてしばらくして、息子は旅行会社を辞めました。

「これはチャンスだよ。いましかできないことがいっぱいあるはずだから、いまのうちに何でもやりなさい」と彼を励ましました。

息子は「いまは明るいフリーターでーす」などと言って、しばらく日雇いの力仕事や、販売員のアルバイトなどをしていましたが、ある日、やりたいことが見つかったとのことで、現在は教育関係と自然農の勉強をすべく、留学準備中です。

人生におけるさまざまな決断――就職や転職、結婚相手選び、離婚や転居、進学といった比較的大きなものから、どちらの野菜を選ぶか、どの道から行くか、どの服を着るか、何を食べるかといった日常的なものまで、私たちはつねに決断を迫られ、その時々、もっともよいと思われるものを選びながら生きています。

ときには迷うこともあるでしょうし、どうしていいかわからなくなることもあるでしょう。そんなときは、ぜひ、からだの声を聴いてみてください。

やり方はかんたんです。心静かにして、自分のからだに問いかけてみるのです。

「私はそれを選ぶと楽しいですか?」とか「私はそれを選ぶと、もっとしあわせを感じますか?」といった具合です。

このとき、からだがほわっと温かくなったり、気持ちがうれしくなったときは「そうですよ」ということですし、反対に、からだが緊張したり、気持ちが落ち着かなくなるときは「違いますよ」というサインだと思ってください。

からだは、すばらしいセンサーです。

何かの選択に困ったときは、ぜひ心に問いかけ、からだの反応を感じてみてくださいね。

直接からだに問いかけるオーリングテスト

実は、からだに問いかける方法として、もっとかんたんですぐわかるものがあります。

それはオーリングテストです。

手の親指と中指の先を、指をパチンと鳴らすときのようにキュッとくっつけます。その状態で、迷いを心に問いかけてみるのです。

たとえば「この人に会うべき?」と言ってみて、指先がキュッと力強く締まる感覚がしたときには「イエス」という答え、逆に指先が少しずれたり、力が入り切らないときには「ノー」という答えです。

試しに、「いま、からだは砂糖が必要ですか?」という質問と、「いま、からだは塩が必要ですか?」という質問をして、それぞれ指の感じを確かめてみてください。

「いま、塩が必要ですか?」という質問のほうが、よりギュッと締まった感じがしませんでしたか?

あるいは「あなたにはプラスチックが必要ですか?」「あなたには木が必要ですか?」の質問でも、結果はわかりやすく出ると思います。

たとえば、「あの人にいま、電話をかけても大丈夫かな?」などと迷うこともありますね。このような、日常のささいな選択の際にも役立つ方法です。

日常のなかでは、「今日のお昼何を食べようか?」といったごくささいなことから、「この仕事、引き受けるべきか?」あるいは「この会社に入っていいものかどうか?」といった、人生の行く末を左右するような大きなものまで、さまざまな分かれ道に行き合うことでしょう。

そんなときは、オーリングテストを通して、あなた自身の「からだ」に直接聞いてみてください。

すでに答えは、あなたのからだのなかにちゃんとあるのです！

「からだの感覚に忠実になる」ことを選ぶ7つのポイント

☆からだはいのちのメッセンジャーである。

☆からだとの対話を忘れないようにしよう。

☆心より、からだのほうが早い反応を示す。

☆宇宙はいつも、必要・必然・ベストなことしか起こさない。

☆不協和音も和音のひとつと考え、より進化を加速させるものとして進もう。

☆選択に迷ったときは、心に問いかけ、からだの反応を感じてみるとよい。

☆オーリングテストでからだに問いかけるのもグッド。

笑顔の花束

ふりむく　あなたの　その笑顔に
いのちの　光が　きらめいている
まぶしいほど　すてき
せつないほど　愛おしい

幸せは　なにげない　小さな日常から
交わす挨拶の　ほんのひとことに
こころいっぱいの　笑顔をそえて

なにも　求めず　欲しがらず
朝の光で　めざめゆく
いのちの光に　ふれたとき
ただ静かに　こうべをたれ
手のひらそっと　合わせている
新しい　私と　であいます

生かされ生きて　ありがとう
いのちをくださり　ありがとう
笑顔の花束　贈ります

第11の知恵

「自分の人生の主人公になる」ことを選ぶ

外ではなく内側を見るのが基本

たとえば会社の上司がいつも理不尽な説教をしてきてつらい、友人から仲間はずれにされている気がして苦しい、子育てや親の介護に追われて自由な時間がとれずに悲しいなど、私たちの日常には大小さまざまな「問題」が生まれます。

「問題」の渦中にいるときには、気持ちが落ち込みますね。

このような問題は、どうしたら解消されるのでしょうか。

私たちがこのような問題を抱えたときについやってしまうのは、「なぜ?」「どうして?」と考えてしまうこと。

なぜ、上司はいつも理不尽な説教をするのだろう?

どうして、友人は私を仲間はずれにするのだろう?

どうして、子育ても介護も私ばかりに負担がかかるのだろう?

などというように。

でも、「なぜ?」「どうして?」と考え始めると際限がありません。**さらに「なぜ?」「どうして?」と考えていくと、けっきょくは自分以外のだれかを責める結果につながる場合が多いのです。**それでは、問題解決には至らないんですね。

私はよくセミナーなどで、次のようなワークを行います。

疲れている感じのうさぎ、雨、枯れている花が描かれた三枚のイラストを見てもらいます。そして、それらのイラストを見て、それぞれどんなふうに感じたかを語ってもらうのです。

たとえば、

うさぎ……何だか疲れている感じだな。
雨……嫌な感じの雨だな。雨は嫌いだな。
花……あぁ、枯れてしまっているな。

などと感じるかもしれません。一方では、次のような見方をする人もいるでしょう。

うさぎ……次のステップのために休んでいるんだな。いまは充電期間なんだな。
雨……恵みの雨。ありがたいなあ。
花……命をまっとうしたね。これまできっと皆の目を楽しませてくれたんだね。

もちろん、これ以外にも感じ方はたくさんあるでしょう。人によって、感じ方はそれぞれです。

では、何がその感じ方を決めるのでしょうか。

それは、その人の心の内です。**その人の、そのときの心のありようが感じ方を決めます**。もっといえば現象を生む。現実をつくるのです。

同じ一羽のうさぎでも「疲れたうさぎ」にもなるし、「次のステップのためにエネルギーチャージしているうさぎ」にもなるのです。それはうさぎ自身が決めるのではなく、うさぎを見ている人の心が決めるのです。

つまり、**自分の身のまわりに起こること、現れている現象というのは、すべてその因《もと》は、自分のなかにあるんですね。**

上司が理不尽な説教をしてきてつらいことも、友人から仲間はずれにされて苦しいことも、子育てや親の介護に追われて自分の時間をもてないことも、すべては自分の心がつくりだしたものなのです。


「他人はなかなか変えられない。だから自分を変えなさい」

とはよくいわれることですね。

先ほどのうさぎで考えると、他人は「うさぎ」と同じになります。他人が自分の目にどう映るかは、自分の心が決めます。

たとえばお姑《しゅうとめ》さんとの関係がうまくいかない人がいるとしましょう。お姑さんがどういうお姑さんであるかを決めるのは、お姑さんと接する人の心です。

お姑さんに対して「いろいろ口を出してきて嫌だな」と思えば、そのお姑さんは「いろいろと口を出してくるうるさいお姑さん」になります。

夫にお願いして、お姑さんにもうあまりいろいろ言わないでほしいと伝えてもらったとしましょう。お姑さんが息子の言葉に素直に従ってあまり口を出してこないようになったとしても、受け取る側の心が変わらなければ「口には出さなくなったけれど、腹では絶対何か思っているはず」などと考えます。

そうなのです、接する者の心が変わらなければ、このお姑さんはずっと「口うるさいお姑さん」のままなのです。

これは、問題の渦中にいるときには耳が痛いことかもしれません。こんなつらい状況なのに、その原因が自分にあるなんて、と思うかもしれません。

でも、それは希望にもつながると思いませんか?

もし自分がつらい思いをしていて、それがすべて自分の心がつくりだしたものだとすれば、**私たちの心はもっと新しい世界をつくることもできる**、ということだからです。

したがって、**何か問題が起きたときには、基本は外側ではなく内側を見ます。**

だれかを責めたりせずに、自分の何がそういう現実をつくりだしたのかを考える。そして問題に対して、「ああ、そうか、これは自分の心がそうとらえているのか」と客観的に見られるようになったら、問題は半分解決したも同然です。

というのは、それは先にお伝えした「いま、ここ」「ゼロポイント」に戻ることにつながるからです。「いま、ここ」「ゼロポイント」は、三六〇度の可能性が広がるところです。

そう、そこは、どんな世界でも自由に選ぶことができるニュートラルポジションだからです。

頭に血がのぼったら、一〇回ジャンプする

そうはいっても、簡単に「ゼロポイント」に戻れないときもありますね。

たとえば子育て中のお母さんには、そういう場面が多々あるのではないでしょ

うか。

私も三人の息子たちが小さかった頃はそうでした。

三男が生まれたとき、長男は七歳、次男は三歳でした。彼らは常にパワフルで、楽しく遊びもするけれど、激しく喧嘩《けんか》もするし、おもちゃは散らかすし、ごはんはちゃんと食べこぼしてくれました。

私も彼らと同じように元気なときはいいのですが、寝不足で体調が悪いときなどには、彼らの「元気さ」にイライラさせられました。

食事の支度をしたり、三男のオムツを替えたり、次男の遊び相手になったりとめまぐるしく動くその合間に部屋を何とか片づけた直後、子どもたちがブロックやパズルをバーッと広げたりすると、もう本当に「**いいかげんにせんかい！**」という気持ちになったものです。単なるヒステリー状態です。

こういうときは「視野」が極端に狭くなっていて、子どもの活動的なエネルギーやそこに至る子どもの心のプロセスなどは何も見ず、「ぐちゃぐちゃの部屋」だけを見ています。そこしか目に入らない。

それはつまり、私の心がそれだけ落ちていたのです。そういうところしか見えない心になっていたのです。

こういう場合は、気が頭のほうに上がっています。

そんなときにおすすめするのが、「一〇回ジャンプする」という方法です。

気が上がると感情と一致してしまって、冷静さをなくしたり、自分を客観的に見られなくなります。でもジャンプすると、気が落ちていくんですね。

「子どもを叱る前に、ゆっくり一〇数えるといい」

と教えてもらったことがあり、これも有効です。

一〇というのは、「十月十日《とつきとおか》」にも通じます。もう一度生まれ変われるのです。一〇数えた後は、見える世界がガラリと変わって、子どもを叱る声のトーンも変わったりするのです。

実際にやってみると「一〇秒」というのは案外長いと気づくと思います。そしてこのゆっくり一〇秒の間に、子どもは何らかのよいアクションを起こしてくれる場合が多いのです。

あるいは、自分の手をギュッとつねるなどします。つねると痛みますね。「あ、痛いな」と思うと、自分の内側を意識できます。

すると、「私は、まわりの現象や言葉などを見たり聞いたりしている〝いのち〟なのだ」と思い出すことができます。

私の身のまわりに起きている現象は、私の心と目の活動なのだと気づくことができるのです。

「ゼロポイント」に戻りにくいとき、ぜひこの方法を試してみてください。

人生という映画の監督・主演をつとめる

「自分の人生」という映画の監督・主演をつとめる――。

これが、あっさり夢をかなえるための大事なポイントです。

ひとつの映画がどんなものに仕上がるのか、それは監督次第ですね。また、映画の中心人物となるのは主役です。

この、映画のなかの世界を構築する監督と、その世界の中心で生きる主役の二役をつとめるのです。つまりは、自分の人生を自ら構築し、その主人公として生きるのです。

しかし実際は、**この二役のうち主役のみになってしまうか、あるいはどちらも放棄してしまっている場合が少なくありません。**

ときどき、電車の中で一生懸命お化粧をしている女性がいますね。

こんなとき、みっともないところを見せられて嫌だな、恥ずかしくないのかな、などと思うことがありませんか?

あるいは、残業をしなければならないとき、「あぁ、なんで自分ばかり残業させられなきゃいけないんだ」と嘆くことはないでしょうか。

つらいことが起きたとき、どうして自分ばかりこんな目に遭わされるのだと感じたことはありませんか？

そう、このように、**私たちは自分の人生に起こることを、つい受け身にとらえてしまうのです。**

映画でいえば、監督の言う通りに主役を演じているだけです。監督によって演じさせられている、という感覚なのです。

けれど先ほどもお伝えしたように、自分の身のまわりに起こること、現れる現象というのは、すべてその因は自分のなかにあります。あらゆる現象は自分の心がつくりだし、世界にあるあらゆる生き物、植物、モノ、自然、人、現象などのうち、見たいものだけを見ているのです。

そこで、**「自分の人生」という映画の監督・主演になると決めてしまうのです。**

そして徹底的に人生の主導権を自分にもっていく。勝手に動かされるのではなく、自分が自ら動いていく。

映画の主人公というのは、たいてい何か目的をもっていて、その目的に向かって走るなかでストーリーが続いていきますね。

またおもしろい映画をつくるときというのは、三回ぐらい、主人公の目的達成を阻むアクシデントを用意するのだそうです。しかしそのアクシデントによって、結果的に主人公は大きく成長したり、チャンスを得るなどします。そして映画全体もおもしろくなります。

きっと人生も同じでしょう。

「自分の人生」という映画の監督・主演をつとめると決めれば、劇的なことが起きたほうがおもしろいという感覚で物事に取り組んでいけます。たとえつらいことがあっても、「さあ、これをどうひっくり返して、これからのストーリーをおもしろくさせる?」と考えやすくなるかもしれません。

何か起きたとしても、「あぁ、では私はこうやってこの現象を生かして、もっと成長しよう」と客観的になれるのです。

人生は酸いも甘いも重なったミルフィーユ

また、私はときどき人生をミルフィーユにたとえます。

ミルフィーユは何層ものパイ生地が重なってできています。あれは、サクッとすべての層を全部一緒に食べるからおいしいんですよね。パイを一枚ずつ剝いでいって、おいしそうなところだけを食べたとしても、ミルフィーユのおいしさは味わえません。

人生もきっと同じでしょう。**一見よく見えるところも、悪く見えるところも、全部があるからこそ人生はおいしくなります。**

「えっ、まさか」とか「どうしてこんなことが」と思うような出来事は、自分をさらなる次元に高めてくれる触媒でもあるのです（自分の波動をより高めていくための実技科目として、宇宙から出されている課題だということもできます）。

そう考えると、何か問題が起きたときにも向き合い方が変わりますね。

「どうして私だけがこんな目に……」と思うのではなく、「私にこのことが起きたのは、私が次のステージに来たということ。じゃあ、これを通して私には次にどんな扉が開くのだろう?」とほんの少し冷静に思えるようになります。

起こる出来事に振り回されるのではなく、起こる出来事を生かせるようになる。

もちろん心の表面は、「わー」とか「ぎゃー」と落ち込んでいるかもしれません。でもこれを知っておくと、「きっと心の奥底では静かにワクワクしているはず。これは私がもっと輝くために起きているんだから」と思えるようになるでしょう。

「自分の人生の主人公になる」ことを選ぶ
7つのポイント

☆心のありようが感じ方を決め、現象、現実を生み出す。

☆何か問題が起きたときは、外ではなく内側を見る。

☆自分の心を客観的に見られるようになったら、問題の半分は解決している。

☆ニュートラルポジションに戻るために、一〇回ジャンプしてみる。

☆ゆっくり一〇数えたり、自分の手を軽くつねってニュートラルに戻るのもよい。

☆自分の人生を映画に見立てて、監督・主演を演じているとみなそう。

☆人生はミルフィーユ。酸《す》いも甘いもあるからおいしい。

やったら!

川

最初は　小さな清流だった
水面がきらりと　ゆれている
やがて　その流れは勢いを増し
堅く　ごつごつとした岩肌に護られ
幾重もつらなる　旅に出る

岩は石ころになり　石は砂になる
川はゆったりと　大きな流れに姿を変え
大海へと　そそぎ出る

そうして　わたしの川も
海へと　溶け合うのだ
ようこそ　ここへ　光の海へ
ずっと　ずっと　待っていた

すべては　ひとつの中にある
ひとつは　すべての中にある

第12の知恵

「すべてはひとつ」から生きることを選ぶ

宇宙が味方しやすい夢や願いをもつ

会社の経営者であれば、だれもが「少しでも多くの利益を出したい」と考えるでしょう。でも「なぜそうなのですか?」と聞けば、きっと答えは経営者によってそれぞれ違うはずです。

A社長は「たくさん儲《もう》かればそれだけ自分が楽をできるから」、B社長は「従業員の給料を増やせるから」、C社長は「会社の発展は社会がよくなることにつながるから」と言うかもしれません。

この三者のうち、「少しでも多くの利益を出す」という願いがかないやすいのは、どの順番でしょうか?

……答えは、C、B、Aの順番です。

なぜなら同じ夢でも、**C社長の夢は実現しやすい特徴を備えているからです。**

では、実現しやすい夢や願いの特徴は、どのようなものでしょうか?

それは、その夢や願いがかなうことによって、自分はもちろん、まわりもハッピー、できれば地球もハッピーになれること。

同じ夢でも、その実現によって自分だけがハッピー、または自分とごく限定された人だけがハッピーであとは泣いていたり、不幸になってしまうものは実現しにくいのです。

たとえ実現しても、結果、だれかが泣いたり不幸になっていたら、おそらく何らかの不調和というバランスをとる出来事が起きて、崩れていくでしょう。

自分もまわりも地球もハッピーになるような夢なら、宇宙（天）を味方につけることができるからです。**自分の力（自力）だけでなく、他者や天の応援（他力）も加わり、自力+他力=全力となって、物事が成就するのです。**

ではどうして、自分もまわりも地球もハッピーになる願いがかないやすいのでしょうか。

それは、**つねに大調和へと向かい、生成発展を繰り返しながら拡大していく、というのが宇宙の法則だからです。**そしてそれは、天の意思（天意=愛）ともいえます。

私たちは、この「すべては生成発展をして、調和の方向に向かっていく」という自然界の大きなしくみのなかに生きています。したがって、その天意に沿うような夢はかないやすいのです。

いのちは深いところでつながっている

自分もハッピー、まわりもハッピー、地球もハッピーになる夢がかないやすい理由はもうひとつあります。

それは、**私たちのいのちは、深くでつながっているからです。**

私は、私たちは大いなるいのちそのもの、存在の深いところでつながっていると思っています。

そのいのちの世界とは、無限の海のようなところで、限界も境界もない、至極平穏、悠久の平和な世界です。でもそこにばかりい続けるのは、けっこう退屈なんですね。

そこで「私」という意識が生まれたのです。

「自分」という言葉は、「自ら分かれる」と書きます。無限の海のような世界、大いなるいのちから、ポンと分かれ「分離ゲーム」を始めたのが自分なのです。自分＝私であるということです。

このように、個々の人はそれぞれ別のいのちをもって生きているように見えますが、実は深いところでつながっています。人だけでなく、動物も植物もモノもすべてがつながっている。

私たちの本質というのは、この大いなるいのちなのです。

そのことがわかると、私たちは運命の荒海のなかでなすすべもなくただよう小さなたよりない小舟なのではなく、大海を波だたせる大いなる力と結びついた、偉大な存在の一部だと気づきます。

そのとき、私たちは「創造者」として生きることができるようになるのです。

むろん、日々の生活では、できないこともあり、トラブルもあり、悩みもあります。上司との関係がうまくいかないとき、夫や妻と喧嘩《けんか》ばかりしてしまうとき、子どもにイライラしてしまうとき、友だちと気まずくなったとき……。

それでも、私たちは深いところでつながっていることを思えば、それらのトラブルにこめられたさまざまなメッセージに気づくことができます。

究極的には、どんな人も「他人」ではなく、他人の姿を借りたもうひとりの「われ」という見方ができるようになるのです。

何だか嫌な相手だと思う人も、もうひとりの自分の姿を見せてくれているんだなと思うと、単に「嫌だな」だけではなくなります。

だから、**何が起ころうとも、次のように言ってみましょう。**

「アイ・アム・パーフェクト！（私は完璧です！）」

そう言ったとき、「いま、ここ」の瞬間にある世界が、まさにパーフェクトなものであることに気づくでしょう。そして、すべての力が自分のなかにあることがわかります。

私には毎朝起きてすぐ日課にしていることがあります。

それは、**家族、その日に会う人、その日に行く場所を思って、それぞれを光で包むようなイメージをするのです。**

夫や息子が仕事に行く日なら、彼らがそれぞれの場所で、光に包まれながらいきいきと仕事をしている姿をイメージします。

また、私がだれかと会うときには、会う場所の空間と会う人をあらかじめ思い浮かべて光で包まれているイメージをする。そしてその人と関わることで素敵な触れ合いが生まれることを先に喜んでしまうのです。

また、空間を先に友だちにしてしまっているので、初めて訪れる場所でも空間のエネルギーが「あ、来たね」という感じで迎えてくれるのです。

私たちは素粒子（量子）的な存在です。素粒子は時間も空間も超えられるので、先に行って、そこを調和で満たしてしまうとよいのです。

こうすると、本当にその日一日、そんなに嫌なことは起きません。ぜひ試してみてくださいね。

満たされれば思いがけない贈り物がやってくる

さて、ここまで、「あっさり夢をかなえる方法」を中心にお伝えしてきました。ひょっとすると、もうお気づきの方もいるかもしれません。

夢をかなえる方法というのは、**「いま、ここ」を最高に生きる方法とまったく同じだということを。**

いま、この瞬間を生きること、いまできることとひとつになること、よい気分を選択することなど、あっさり夢をかなえる具体的な方法をお伝えしてきましたが、それは夢を実現させるためだけでなく、日々の生活をよりよく生きるための知恵でもあるのです。

そのような生き方をするとき、仏教でいう「放下《ほうげ》」のような状態が起こります。つまり、願いがかなおうがかなうまいが関係ない。いまここにある現実を楽しむことができる。かなわなかったら、かなわないという現実そのものを受け入れて生きられるようになるのです。

なぜなら、いまこの瞬間がパーフェクトで最高だったら、他に何も望まなくなるからです。すべての瞬間が満たされていて、そこには感謝だけがあります。

逆説的ですが、**そのような状態になったとき、「すべてはあっさりかなう」ようになります。**

これまでの願望実現法は、「何かを得よう」と決め、あらゆる努力を重ねて得ることに向かって歩んでいくというものでした。何かに向かってがんばること自体はすばらしいことに違いありません。でも、ゴールはつねに「決めた何か」を得ることでしかありません。

すべての瞬間を最高に生きることに決めると、自分が描いていたものがゴールとはかぎりません。想像もつかなかったすばらしいもの、見たこともない美しい景色なのかもしれないのです。

人生は、「選び放題のバイキング」です。好きなものを、好きなだけ取ることができるのです。でもそこには、「あえて何も取らない」という選択もまた、含まれます。

どれを選んでもよいけれど、何も選ばなくてもよいほどに満たされている——そんなスタンスに立ったら、これまで見たこともない、味わったこともないようなすばらしい料理が届くのです。想像をはるかに超えた、すばらしい人生が待っているのです。

それこそが、人生を永遠に色あせない、本当の輝きで満たす秘訣《ひけつ》なのです。

「すべてはひとつ」から生きることを選ぶ
7つのポイント

☆自分もまわりも地球もハッピーな願いはかないやすい。

☆自力と他力が相まって全力となり、物事が成就する。

☆自然界の大きなしくみは、すべては生成発展、調和の方向に進む。

☆私たちはみな、深いところですべてはひとつにつながっている。

☆私たちは偉大なる存在の一部である。「創造者」として生きよう。

☆アイ・アム・パーフェクト！（私は完璧です！）は力強いマントラ。

☆人生は選び放題のバイキングである。何を選んでも大丈夫！

おわりに

みなさま、最後までおつきあいくださり、ありがとうございました。

宇宙から教えてもらったということで、どんな突飛なメッセージが出てくるかとワクワクしていた方、ごめんなさい。けっこう普通だったので、びっくり（がっかり?）されたかもしれませんね。

けれども、この、**人としてあたりまえにやったほうがいいことは、やはり宇宙においてもやったほうがよいことなのでした。**宇宙の常識、地球の非常識ではなかったんです。

さて、本書で語っている夢のかなえ方というのは、いままでの主流である、直線的な時間軸のなかで夢をかなえるというものではなく、時間や空間の制限を超えた、すべての可能性が同時存在している時空から、すでに望みがかなっている時空を選んで、それを現実化してしまいましょう（選択と共振の法則）、というものです。

そこには、夢がかなっている現実も、かなっていない現実も、まったく異なる現実も、さまざまなバージョンが同時に、無数に存在しています。

このバラエティにとんだ潜在的フィールド——量子の海（エネルギーの状態・波動性）から、いかにして望みのお魚をつりあげて、三次元（物質の状態・粒子性）で見せるかという、いわば、時空の〝フィッシングゲーム〟なのです。そしてそれは、「なる」のではなく、すでに「ある」世界なのだと考えます。

このフィッシングゲームを成功させるコツを書いたのが、本書となりました。

もっともこの元帳といいますか、そのソースは、私がかつてテレパシックに心の内を通して教わった、宇宙からの膨大な情報（実際はほとんどが科学用語でしたが……）です。

そのなかの多元的、多世界論的な望みのかなえ方を抜粋して、できるだけわかりやすく表そうと試みたものです。

ところで、その「宇宙からのメッセージ」というのは、いったいどこから来たものだったと思いますか？

たとえば……どこか遠くの星とか、宇宙人とか？

最初のメッセージから二五年が過ぎたいま、そのメッセージの送り主がだれなのか、私ははっきりととらえることができます。

それは……**他のだれでもない、私自身の内なる自己に他なりませんでした。**

私のなかに宇宙はあります。

星々も、あなたも私も、鳥も花も、山も空気も、目を覆うような光景も、そうでないものも、みな私のなかにあり、存在しています。

そのなかには、まだ見ぬ我の次元――時空を超えて、違う次元で活動しているもうひとりの自己（パラレルセルフ）たちや並行次元（パラレルリアリティ）も、無数、無限に存在しています。

その膨大な意識の海の一部から、遮断された感覚のなかに閉じ込められている現在の自己に、メッセージを送り続けていたのだ、ということがわかりました。

言い換えるならば、いつのまにか、いのちの深遠な世界を垣間見ていたのであり、その「いのち」に近い部分が、表面の意識に、私たちの真の姿とは何なのかを、教えてくれていたのだろうと思うのです。

宇宙は悠久無辺で、愛に満ちています。
宇宙は愛で、愛は、いのちです。
いのちは、あらゆるもののなかに宿り、すべてとつながっています。
いのちはあなたを通して、この世界を見ています。
いのちはあなたを使って、この世界の豊かさを表そうとします。
あなたが豊かで満ち足りていることは、宇宙の望み、いのちの望みでもあるのです。

さあ、大いに笑い、語り、いのちの喜びを謳歌《おうか》しましょう。

やりたいことはやり、したいことをして、思う存分生きましょう。

心、からだ、仲間、環境、そして夢の実現。

宇宙から届けられたギフトを開いて、豊かさを受け取るのは、いま——。

いま、このとき、この場所ですべてを楽しみ、すべてをパワーに変えて、力強く生きましょう！


最後になりましたが、この本を刊行するにあたり、お世話になりましたみなさまに御礼申し上げたいと思います。とりわけ出版元であるサンマーク出版第3編集部の斎藤竜哉編集長はじめ、山田由佳様、得田佳宏様、水崎真奈美様、本当にありがとうございました。

また、未熟な私を陰に日向にいつも支えてくれている家族と両親、友人、仕事仲間たち、そして、最後まで読み進めてくださいましたあなたに、心からの感謝をお伝えしたいと思います。
それではまた、次の本でお会いいたしましょう。

二〇一六年七月　初夏の風に吹かれて

はせくらみゆき

はせくら　みゆき

画家、作家、教育家。芸術や科学、経済まで、ジャンルにとらわれない幅広い活動から、ミラクルアーティストと呼ばれる。とりわけ詩情あふれる絵画は、世界中に多くのファンをもち、国内外で個展を行うとともに、2016年、日本を代表する画家の一人として選出される。近年は言霊の研究の傍ら、和の心で世界を結ぶ芸術文化団体も立ち上げ、雅楽歌人としても活躍中。著書に『おとひめカード』(ALMACREATIONS)、『起こることは全部マル！』(ヒカルランド・共著)、『[小食・不食・快食］の時代へ』(ワニブックスPLUS新書・共著）などがある。一般社団法人あけのうた雅楽振興会代表理事。株式会社アートシンフォニー所属。

はせくらみゆき公式サイト
http://www.hasekura-miyuki.com

こうすれば、夢はあっさりかないます！

2016年8月25日　初版発行
2025年1月30日　第5刷発行

著　者　はせくらみゆき
発行人　黒川精一
発行所　株式会社サンマーク出版
〒169-0074 東京都新宿区北新宿2-21-1
電話　03-5348-7800
印　刷　株式会社暁印刷
製　本　村上製本所

ISBN978-4-7631-3514-8 C0030
ホームページ https://www.sunmark.co.jp